# O Desejo

Angela Donovan

# O Desejo

## Como fazer os seus sonhos se tornarem realidade

Tradução
Júlio de Andrade

MAGNITUDDE

## MAGNITU<sup>D</sup>DE

O Desejo
Título original: *The Wish*
First published in 2011
Copyright © Angela Donovan 2011
Copyright desta tradução © 2012 by Lúmen Editorial Ltda.

*Magnitudde* é um selo da Lúmen Editorial Ltda.

1ª edição - julho de 2012

DIREÇÃO EDITORIAL: *Celso Maiellari*
COORDENAÇÃO EDITORIAL: *Fernanda Rizzo Sanchez*
PROJETO EDITORIAL: *Estúdio Logos*
PREPARAÇÃO DE ORIGINAIS: Ricardo Franzin
REVISÃO: Vivian Miwa Matsushita
CAPA: Thiago Sousa / all4type.com.br
PROJETO GRÁFICO E DIAGRAMAÇÃO: all4type.com.br
FOTO DE CAPA: Yagi Studio/Getty Images
IMPRESSÃO E ACABAMENTO: Orgrafic Gráfica

---

DADOS INTERNACIONAIS DE CATALOGAÇÃO NA PUBLICAÇÃO (CIP)
(CÂMARA BRASILEIRA DO LIVRO, SP, BRASIL)

Donavan, Angela
  O desejo : como fazer os seus sonhos se tornarem realidade / Angela Donavan. –
São Paulo : Magnitudde, 2012.

  Título original: The wish
  ISBN 978-85-65907-00-2

  1. Atitude (Psicologia) 2. Autoconhecimento 3. Autorrealização 4. Bom senso 5. Conduta de vida 6. Decisões 7. Desempenho 8. Determinação 9. Metas (Psicologia) 10. Perseverança I. Título.

12-09386                                                CDD-158.1

---

Índices para catálogo sistemático:
1. Autorrealização : Psicologia aplicada
158.1

Lúmen Editorial Ltda.
Rua Javari, 668 - São Paulo - SP
CEP 03112-100 - Tel/Fax (0xx11) 3207-1353

visite nosso site: www.lumeneditorial.com.br
fale com a Lúmen: atendimento@lumeneditorial.com.br
departamento de vendas: comercial@lumeneditorial.com.br
contato editorial: editorial@lumeneditorial.com.br
siga-nos nas redes sociais:
@lumeneditorial
facebook.com/lumen.editorial1

2012

**Proibida a reprodução total ou parcial desta obra sem prévia autorização da editora**

Impresso no Brasil - *Printed in Brazil*

É HORA DE FAZER SEUS DESEJOS
SE TORNAREM REALIDADE...

# SUMÁRIO

AGRADECIMENTOS ..................................................... 09
INTRODUÇÃO ............................................................. 11

1    A maravilha dos desejos .................................... 15
2    O poder do amor ............................................. 19
3    E quanto a mim? .............................................. 25
4    Uma mudança repentina e espetacular ............ 31
5    Limpe os bloqueios nas estradas ..................... 35
6    Os pensamentos são desejos disfarçados ........ 39
7    O poder do três ............................................... 43
8    Recarregue suas baterias ................................. 47
9    Por que suas palavras têm importância ........... 53
10  Quem sou eu? ................................................... 59
11  Viva sua paixão ............................................... 65
12  Ponha seus medos sob o microscópio ............. 71
13  O seu papel único na vida ................................ 81
14  O que o DNA tem a ver com isso? ................... 85
15  Tempo para equilibrar ...................................... 91
16  Está tudo na mente .......................................... 97
17  Vá até o cerne da questão ............................... 101
18  Intenção é tudo ............................................... 109
19  O Teste da Alma .............................................. 115
20  As marés da sincronicidade ............................. 123
21  A luz dourada para a autorrecuperação ........... 127
22  Desenvolva o seu sentido de conhecimento .... 131
23  Afie sua memória ............................................. 137
24  Desperte o seu poder ....................................... 141
25  Construa seus pontos fortes ............................. 147
26  Comunicação por pensamento ......................... 151
27  Faça acontecer ................................................ 155
28  Abundância em todas as coisas ........................ 163
29  Dar para receber .............................................. 167
30  Saúde e peso perfeitos ..................................... 175
31  Confira sua gratidão ........................................ 179
32  Ilumine o seu pensamento ............................... 183
33  Crie o seu desejo ............................................. 189
34  A chegada ao final ........................................... 195
35  Meu desejo para a vida .................................... 203

# Agradecimentos

Assim como os pensamentos retêm o poder maior, este livro vem à luz com sua própria força vital para atrair todos aqueles que buscam, com o amor do conhecimento, algo melhor na vida e aqueles cuja meta é a própria melhoria com o seu "saber".

Gostaria de expressar minha dívida com os grandes mestres espirituais do passado e com o finado Dr. Rolf Alexander, cujo trabalho pioneiro achei verdadeiramente esclarecedor e que, juntamente com outras disciplinas similares, muito inspiraram minhas ideias e meu pensamento antes de escrever este livro.

Minha mais profunda gratidão vai para Maggie Hamilton, da Inspired Living, cujo conhecimento interior estava lá muito antes de o livro vir à existência, e para sua entusiástica equipe da Allen & Unwin, que tem trabalhado incansavelmente para aumentar a magia das palavras escritas, criando assim um processo dinâmico para iniciar e transformar a vida de todos aqueles que ingressarem nesta jornada. E, por último, mas não menos importante, existe uma pessoa que sempre esteve ao meu lado, minha agente Susan Mears, com sua incansável amizade, motivação e apoio. Agradeço a todos vocês.

Dedico este livro a quem tem continuamente se colocado ao meu lado, com coragem e pensamentos positivos, em reconhecimento aos nossos sonhos para o maior benefício da humanidade, meu marido Andrew.

# Introdução

Não havia nada parecido com *O Desejo* até agora. Parece um milagre para mim que este livro tenha surgido nesta altura, quando tantos de nós se mostram temerosos do que está por vir e do que o futuro nos reserva.

O brilho reluzente de *O Desejo* é que ele cuida de toda essa ansiedade e a tritura, colocando em seu lugar a força, a esperança e a inspiração, restaurando a magia de viver e transferindo-nos para um espaço verdadeiramente poderoso, que melhora a qualidade de vida.

É também gratificante e reconfortante saber, sem sombra de dúvida, que podemos fazer as coisas acontecerem por nós mesmos. Acredito que *O Desejo* é o mais completo medicamento para a mente do futuro. Por isso, quero que todos que o procurem – sejam estudantes, CEOs, pequenos empresários, vendedores, pais ou artistas – tenham a oportunidade de se beneficiar com ele. Já há mais de três anos venho compartilhando *O Desejo* com muitas pessoas ao redor do mundo e de todas as esferas da vida. E em muitos casos tive a oportunidade de me inteirar das mudanças luminosas que aconteceram na vida das pessoas que fizeram *O Desejo*. Foram essas experiências que me impeliram a escrever este livro.

Eu sei o que você está pensando. Em um momento ou outro da vida todos nós tivemos a vontade de "fazer um desejo". E cada um de nós já fez isso inúmeras vezes, mas embora alguns sonhos tenham se tornado realidade, acreditamos que a maior parte deles aconteceu mais "por acaso" ou "sorte" do que por qualquer outra razão. Essa visão não é nada mais do que uma atitude simples de encarar as coisas, e esse ponto de vista simplista pode ser rapidamente abandonado ao longo da leitura deste livro.

Todos nós passamos por momentos na vida em que sentimos um pouco de desapontamento em relação ao modo como o futuro se apresenta – talvez você tenha se formado na faculdade, e agora tem um diploma em mãos e está se perguntando: "e agora, o que vem depois?"; seu relacionamento ou seu casamento acabou, você perdeu o emprego ou acaba de sofrer um revés financeiro. De alguma forma, todas as mesas estão viradas, e por mais que tente se encaminhar para uma admirável vida nova, os dias, meses e anos que o esperam parecem ter sido gravados em pedra, e você se sente silenciosamente desesperado.

No entanto, em vez de se sentir perdido na ansiedade e no arrependimento, você agora começará a iluminar a sua vida com pensamentos puramente inspiradores, exatamente como aqueles de que você costumava desfrutar quando era criança. Trata-se de limpar a desorganização e os problemas intermináveis que bloqueiam o nosso verdadeiro potencial. Como você verá em breve, não é necessário que se tenha alguma dúvida ou sentimento negativo sobre a ideia de "fazer um desejo". Esta nova abordagem tem o potencial de transformar cada aspecto da sua vida, e você pode realmente "fazer acontecer" a cada desejo feito. É possível que, no início, você se sinta tomando parte de uma jornada desconhecida, mas prometo que será uma viagem da qual jamais se esquecerá. Você aprenderá a mapear e manifestar os segredos mais profundos de amor verdadeiro, de felicidade, abundância e sucesso em qualquer forma que decidir que se manifestem.

Nos capítulos seguintes apresento alguns exercícios que podem ser feitos em qualquer lugar e em qualquer momento. São atividades simples, que não demoram muito para serem feitas e, o mais importante, funcionam. Assim, por exemplo, enquanto boa parte dos livros fala sobre você se concentrar em seus pensamentos, poucos fornecem os passos claros de como fazer isso. Com *O Desejo*, eu lhe entrego uma chave dourada que abrirá a sua mente para o imenso poder que reside dentro de si, mas essa é apenas uma pequena parte do processo mágico que se desenvolverá à medida que você ler e absorver estas páginas. Em breve, você terá ao seu alcance métodos que ajudarão a deixar mais claro quem é você, para onde está indo e mais uma porção de outras coisas. Por intermédio dos conhecimentos que compartilho, sua vida se tornará a sua própria criação, um plano de brilho radiante que lhe permitirá viver exatamente como deseja desse momento em diante. Saúde, riqueza – no mais rico sentido dessas palavras – e felicidade são os principais componentes dessas descobertas. Quando em sua vida cotidiana você puder apreciar de verdade essas qualidades que realçam o ato de viver, passará a naturalmente irradiar um profundo sentimento de amor às pessoas ao seu redor.

Mas o melhor ainda está por vir, quando vivenciar por si mesmo como fazer a conexão coração-alma. Assim que passar a dominar com perfeição essa técnica simples, você estará pronto para encarar o "Teste da Alma", um exercício infalível que vai ajudá-lo a se conectar com a sabedoria da sua alma. Quando conseguir entabular um diálogo com sua alma, sua vida não terá outra saída a não ser se transformar. Imagine como você vai se sentir quando as pessoas forem tocadas por sua presença, já que elas também serão iluminadas pela alegria que brilha dentro de você!

Então, como já se pode perceber, não estou falando de um "desejo" comum aqui. Você está prestes a compreender seu pleno potencial de criar e de manifestar sua criação ao liberar esse poder por meio da liberdade de pensamento, que lhe trará o autoconhecimento para aprender, afinal, quem você realmente é, e qual a sua razão para estar na Terra neste momento. A partir de agora, você vai descobrir como comandar seus pensamentos e ações e inflamar todos os aspectos de sua vida de forma mais positiva – é seu direito divino, e o passaporte para sua própria e maravilhosa jornada para além desta vida.

Com amor,
Angela

# 1
# A maravilha dos desejos

*O Desejo* é seu presente para si mesmo. É um dos mais poderosos presentes, porque oferece o milagre de realizar seus desejos mais profundos por meio do poder mágico único que já existe dentro de você. *O Desejo* lhe dá a grande oportunidade de transformar a sua vida, e muito além dela.

Você já percebeu como certos desejos se tornam realidade, enquanto outros aparentemente se desvanecem no ar? Talvez se pergunte por qual motivo isso acontece, mas não se preocupe – o como e o porquê lhes serão revelados à medida que prosseguir na leitura deste livro. O importante é que, assim que perceber o que realmente já tem em mãos, você poderá começar a sonhar de novo com tudo aquilo que desejar – para si mesmo, para as pessoas que ama, para o mundo inteiro. Logo descobrirá como interromper a perda de sua vitalidade e como se energizar apenas tocando a imensa energia que está prontamente disponível para você. E também vai descobrir quais sonhos podem criar uma vida mais feliz e rica e quais podem deixar as coisas inesperadamente piores.

*O Desejo* lhe dá a oportunidade de começar a transformar a sua vida, e muito mais.

Embora todo mundo espere que seus sonhos se tornem realidade, às vezes a vida pode realmente ser opressiva, deixando-nos com a sensação de que não é prático nem factível alcançar aquilo que almejamos há tanto tempo. Viver o dia a dia, cuidando de nós mesmos e daqueles a quem amamos, trabalhando e viajando, pagando o aluguel ou a hipoteca do apartamento, tudo isso pode acabar se tornando a soma total daquilo que vivemos, e mais nada. E então, dizemos a nós mesmos que não temos tempo, energia e autoconfiança para fazer mais do que somente sobreviver. Se você somar a isso as turbulências financeiras, as mudanças climáticas, os governos incompetentes, os desastres naturais, a guerra e o terrorismo, poderá facilmente assumir (ou ser levado a acreditar) que é necessário aceitar aquilo que vier para nós.

Ninguém nega que vivemos tempos difíceis e que nem todos têm os nossos melhores interesses no coração. Mas assim que compreender como fazer com que os desejos se tornem realidade – e não se engane, tudo aquilo que se pode criar está bem ao seu alcance –, a vida assume um tom muito diferente. Aceitar que isso não é apenas uma possibilidade, mas algo realizável, muda tudo. Você pode realmente começar a fazer coisas maravilhosas acontecerem. Não importa o que você tenha conseguido até agora na vida, é essa a sua jornada, com os contratempos, decepções, bloqueios e frustrações que vão se acumulando ao longo do caminho. Você pode ter chegado a pensar que nada dá certo para você. Pois chegou a hora de colocar todas essas coisas negativas em uma caixa, já que está tudo no passado. Porque agora é hora de vislumbrar o futuro com um coração mais aberto e mais leve. Por intermédio de *O Desejo* você se sentirá mais capacitado e apto a "criar" boas coisas deste momento em diante.

Como você verá, até os nossos momentos mais sombrios oferecem maneiras maravilhosas de seguir adiante. Muitas vezes a vida nos dá umas cutucadas para fazermos as coisas de um jeito diferente – devemos relaxar, dormir mais, levar a saúde mais a sério, candidatar-nos a um novo emprego, tirar férias, passar mais tempo com os amigos, ser mais criativos, mudar para outro bairro, trazer mais amor para dentro da vida... Tudo isso é possível de conseguir. Não há necessidade de esperar um tempo distante lá no futuro para fazer com que a sua vida seja do jeito que gostaria que fosse. Não importa o que você está enfrentando agora, deixe-me assegurá-lo de que é hora de ir além das coisas banais da vida cotidiana para poder experimentar a maravilhosa completude que é o verdadeiro você.

NÃO HÁ NECESSIDADE DE ESPERAR UM TEMPO DISTANTE LÁ NO FUTURO PARA FAZER COM QUE A SUA VIDA SEJA DO JEITO QUE GOSTARIA QUE FOSSE.

A aventura que está prestes a fazer é uma viagem muito prática e ligeira, que vai lhe ensinar habilidades para lidar com a vida real, desde como curar aquela bagagem que trouxe do passado e evitar que sua energia seja sugada, até como se conectar com sua alma. Este último ponto é crucial, porque mesmo conseguindo tudo aquilo que *acha* que deseja, você nunca encontrará a felicidade, o sucesso e a realização, a menos que isso ressoe com a verdade de quem você realmente é.

Quando avançarmos pela jornada d'*O Desejo*, você verá que os sonhos que se tornam realidade não são meras ocorrências do acaso. Essa afirmação pode chocar-se com a opinião popular, mas é assim que as coisas são. Talvez você tenha notado que qualquer coisa que fizer para atrair coisas boas deixa sempre as pessoas surpresas. Elas procuram menosprezar a importância de suas realizações avaliando-as como "sorte". Entretanto, nós não temos nem a mínima ideia do que possa ser uma pessoa com "sorte". Alguns dizem que as pessoas fazem a sua própria sorte e, em grande parte, isso é absolutamente verdadeiro. Porém, a grande questão é: como capturar essa coisa maravilhosa chamada "sorte"? O conhecimento atemporal que agora compartilho com vocês vai ajudar a criar os seus próprios acontecimentos benéficos, sua própria "sorte".

A beleza da abordagem d'*O Desejo* é que ele oferece e entrega tudo isso, e muito mais. Com a leitura deste livro, você perceberá como a sua abordagem em relação à vida pode fortalecê-lo e capacitá-lo, ajudando-o a definir e preparar seu próprio caminho – porque irá ajudá-lo a descobrir quem você verdadeiramente é. *O Desejo* ainda lhe dará uma consciência muito maior de como melhor operar no mundo, livrando-o de todas as dúvidas e ansiedades persistentes. Quando deixar de andar na montanha-russa da vida diária, você se verá no espaço perfeito para descobrir aquilo que realmente deseja, para criar a alegria e a satisfação que genuinamente anseia. Por quê? Porque será alguém poderoso, e além da imaginação.

# 2
## O PODER DO AMOR

> A suprema felicidade da vida é a convicção de que somos amados.
> **Victor Hugo**

Como você pode imaginar, passei muito tempo ponderando sobre a magia do "desejar", checando-a e testando-a em vários níveis antes de começar a ensinar e escrever sobre ela. Enquanto refletia sobre os desejos, percebi que cada um deles é um pequeno ato de criação. Mais do que isso, descobri que toda criação verdadeira nasce do amor. Por quê? Porque o amor é abrangente, é a qualidade mais requintada que reside no centro do que somos. Quando você para e começa a pensar sobre isso, percebe que não podemos sobreviver sem amor. É pelo amor que vivemos, florescemos e ajudamos os outros de bom grado a fazer o mesmo. Por meio do amor obtemos uma impressionante compaixão por todas as coisas vivas.

TODA CRIAÇÃO VERDADEIRA NASCE DO AMOR.

Examinaremos o amor mais detalhadamente em breve. Aqui, ao analisarmos as suas qualidades, começamos a perceber como o amor nos dá o "fator X". O amor provoca a nossa capacidade de fazer as coisas acontecerem porque aumenta drasticamente a nossa energia vital. Quando estamos apaixonados, o mundo é um lugar belo, cheio de potencial. Nada nos desanima, nada diminui nosso astral, e ficamos cheios de esperança em relação ao futuro. O amor é contagioso; as pessoas gostam de estar ao nosso redor. Elas são inspiradas a fazer parte dos nossos sonhos. E as coisas boas acontecem.

Com o amor vem um poder reforçado, que permite-nos concentrar nossos pensamentos em tudo aquilo que fazemos. Por meio do amor podemos entender como a alquimia de fazer desejos se tornarem realidade aumenta cem vezes. Você deve ter vivido isso de muitas maneiras. Um momento de inspiração para criar uma festa de aniversário especial para alguém que você ama, e toda a excitação que vem com isso, pode criar uma reunião maravilhosa que agrada a todo mundo. Mas de que forma isso acontece? Seu amor e positividade atraem todos a participar. Seu entusiasmo de fazer com que isso aconteça se torna o entusiasmo dos outros, de forma que não se pode evitar criar algo muito especial. Essa dinâmica é verdadeira também para relacionamentos, assim como para um pintor ou um escultor, um engenheiro, um médico, uma mãe. Nós estamos falando sobre a energia da vida aqui, e o amor é um dos maiores aspectos da força da vida. O amor faz, verdadeiramente, "o mundo girar". À medida que aprendemos as complexidades de como fazer os desejos, também descobrimos as nuanças do amor, o amor por nós mesmos e pelos outros.

POR MEIO DO AMOR PODEMOS ENTENDER COMO A ALQUIMIA DE FAZER DESEJOS SE TORNAREM REALIDADE AUMENTA CEM VEZES.

Fazer um desejo ainda envolve descobrir como capturar os sentimentos, mas não apenas as sensações mais antigas; ao contrário, trata-se também de capturar nossos sentimentos no mais alto nível que formos capazes. Como isso acontece? Deixe-me levá-lo de volta para aqueles esfuziantes e maravilhosos momentos de quando você era muito jovem, quando tinha todo o tempo do mundo para sonhar e acreditava que todos os seus desejos se tornariam realidade. Recorde essa emoção, aquele senso de emoção quase palpável que vivenciava quando cada novo desejo brotava dentro de si. Lembre-se de quanta alegria experimentou ao sentir o prazer de criar alguma coisa que fosse tão cara ao seu coração. Faça uma pausa por um momento e procure recapturar aquela sensação... Não é boa? É dessa forma que pode sentir-se exatamente agora, se assim desejar.

Existe muito mais nessa abordagem. Quando seu desejo de criança se formou totalmente, houve uma sensação de ansiedade de tirar o fôlego. Lembre-se de como cada um desses preciosos desejos ficou com você, de como todos eles permaneceram. Naquela época você queria muito, com cada átomo de seu corpo, com cada fibra de seu ser, que seus desejos se tornassem realidade. Você sentia a energia de cada desejo que fazia e sabia disso intimamente. E também sabia, sem a menor sombra de dúvida, que esse desejo tomava forma, que seria exatamente do jeito que você tinha imaginado. E, então, entregava-o ao universo.

Essas memórias são de um tempo dourado. Elas podem relembrá-lo de como os desejos são formados e, independentemente do que possa ter acontecido desde então, sei que esses momentos tão acalentados ainda estão aí com você e ainda estão prontamente disponíveis para nós, se dedicarmos algum tempo para absorver e processar o seu poder. Por isso, agora eu quero que você se permita sentir novamente aquele brilho interno crescente, ao mesmo tempo que leva a si mesmo para a sua infância, para aquele tempo em que o sol sempre parecia brilhar, quando a grama sempre era um colchão verde-esmeralda e o céu, a mais rica extensão de azul imaginável; para um tempo de vitrines repletas de presentes de Natal, de festas de aniversários superdivertidas, de passeios ao zoológico e viagens de férias para a praia. Observe como é delicioso reviver a alegria pura dessas experiências, e viver de novo o sentido absoluto de felicidade que elas trazem.

De muitas maneiras, esses momentos se parecem com a perda da alegria em seu próprio país das maravilhas. Aí está você, livre para criar os melhores e mais lindos sonhos e desejos da vida em um momento em que não há limites para si mesmo. Foi assim que as coisas aconteceram para mim. Eu costumava me deitar na grama, com os olhos fechados completamente em uma inocente intensidade de pensamento, criando avidamente os meus sonhos e desejando que se tornassem realidade.

Às vezes, eu abria os olhos e espiava o vasto céu noturno com sua infinita variedade de estrelas, tudo parecendo tão mágico, como de fato ainda é. A força cósmica que conecta toda a criação era, e é, deslumbrante de se ver. Pelo fato de ser uma pessoa que nunca gostou de desperdiçar um momento especial, quando criança eu mantinha um desejo daqueles grandes, pronto para o momento em que uma estrela cadente passasse riscando o céu. E eu me sentia muito afortunada, porque parecia que sempre havia uma estrela dessas passando quando eu precisava de uma. Sem pensar, eu prendia a respiração enquanto fazia meu desejo e assistia depois à cauda de ouro da estrela indo embora. Então, eu segurava a emoção e o calor interno dessa experiência mágica dentro de mim. O mais extraordinário é que a magia daqueles momentos ainda vive em mim enquanto escrevo isto. E você, pode sentir a mesma coisa quando lê as minhas palavras? Dê a si mesmo um momento para absorver a enormidade dos desejos; de certa forma, quando pensamos sobre o momento em que um desejo se tornou realidade, vivemos novamente aquele instante especial de quando o desejo se formou. Ou, para ser mais precisa, quando fazemos ou relembramos um desejo, estamos dando um passo além do aqui e do agora, pois os desejos são criados fora do tempo.

Essa é uma das grandes ideias que trabalhamos neste livro. Assim, se você acha que a vida passou por você, a verdade é que o tempo pouco faz para conter o imediatismo dos seus sonhos, se eles realmente o inspiram. Com um pouco de imaginação, ainda é possível recuperar o amor e a emoção que você viveu quando exprimiu um desejo. Mas cabe a você juntar os pontos. Como muitas mães já disseram a seus filhos: "Você pode fazer qualquer coisa que sua mente quiser". Ou, dito de outra forma, tudo é possível quando você está pronto.

# 3
# E quanto a mim?

Você já percebeu que, assim que começa a pensar sobre seus sonhos e desejos, sente a esperança novamente? Isso acontece porque você de repente se muda para um espaço diferente, o que provoca uma sensação de otimismo, como se o impossível subitamente se tornasse possível. Para muitas pessoas essa é uma experiência nova, já que fazia algum tempo que elas se sentiam desesperançadas.

Então, por qual motivo perdemos aquele verdadeiro sentido de visão que nos permitia tornar realidade todos os nossos desejos? O que deu errado? Quando a crença em nós mesmos, na magia da vida, deixou de existir? E por quê?

À medida que crescemos, as questões cotidianas de nossa vida têm o estranho hábito de ficarem no caminho. Sem perceber, muitas vezes perdemos de vista as coisas que nos fazem felizes e nos deixam realizados, até que finalmente deixamos de acreditar que acontecimentos maravilhosos, sim, são possíveis de acontecer para nós, para aqueles que amamos e para o planeta. Dessa forma, acabamos nos contentando com uma existência "menor que a vida", e esse modo de vida apequenado exerce um impacto sobre todos os que nos cercam, até que todos estejamos vivendo em um espaço que termina por inibir nosso potencial.

O mais triste nisso tudo é que, enquanto estivermos nesse espaço menor, não reconheceremos a magia da vida quando ela cruzar nosso caminho. Estamos tão ocupados trabalhando para pagar o aluguel ou a hipoteca da casa, cuidando dos filhos, cuidando da casa... O que ocorre é que simplesmente não temos mais tempo livre para nós. Na melhor das hipóteses, nos contentamos em prometer reservar um espaço para nós mesmos na semana que vem, no mês que vem ou no ano que vem. Talvez estejamos tão estressados e cansados que é demais pensar sobre isso neste exato momento. Ou talvez achemos que não somos merecedores dessas coisas especiais na vida, sem perceber que podemos nós mesmos pedir essas coisas para nós.

Costumo receber esse tipo de explicação e muitas mais quando as pessoas vêm me ver. Uma coisa que todo mundo tem em comum é a tendência para adiar o que eles realmente desejam pelo menos até amanhã e, portanto, até nunca. Por isso, em vez de aproveitar o momento e viver a simples alegria da vida e do que ela pode oferecer – já que é para isso que fomos destinados a viver –, essas pessoas se acomodam com o que a vida lhes atira, e assim nunca conseguem saborear a sua magia. Essa maneira de ver a vida se arrasta para cima de nós. Não é como se você acordasse um dia e de repente se visse em outro espaço, muito pior. Não, isso acontece ao longo de semanas, meses e, muitas vezes, ao longo de anos.

Todos precisam e devem ter um tempo reservado para si. Embora não seja fácil arranjar tempo para nós mesmos, devemos determinar que de alguma forma faremos isso acontecer. Então, como se faz? Para que essa iniciativa dê resultado, a primeira coisa a fazer é reconhecer e aceitar quem somos e começar a realmente nos amar e valorizar. Então, mesmo que você seja um daqueles executivos estressados lutando contra uma carga de trabalho pesada, ou um estudante pressionado até o limite pela proximidade das provas finais, faça uma pausa de um minuto, pelo menos, e dê a si mesmo um "momento de inspiração" para começar a criar a próxima coisa que você gostaria que acontecesse em sua vida, exatamente da maneira que gostaria que acontecesse.

Apenas quando temos um tempo reservado para nós mesmos passamos a nos conhecer melhor: esse é um ingrediente essencial para o sucesso de se fazer um desejo. Tão importante quanto isso, começamos a acumular uma carga de energia positiva dentro e ao redor de nós mesmos. Isso nos dá uma base sólida a partir da qual podemos começar a criar nossa vida do jeito que desejamos que ela seja. E, acredite se quiser, ao nutrir e contemplar quem você realmente é, já começa a atrair a "sorte", caso contrário não estaria lendo estas palavras agora. Esse "tempo para mim" não deve ser complicado, mas sim divertido, inspirador e estimulante. Tire tempo para desfrutar de um banho gostoso na banheira ou no chuveiro, depois vá relaxar um pouco em roupas confortáveis enquanto ouve um pouco de música. Esse "tempo para mim" não deve ser nada luxuoso, porque quando você se torna a sua prioridade, naturalmente é levado para um novo espaço e um novo tempo.

APENAS QUANDO TEMOS UM TEMPO RESERVADO PARA NÓS MESMOS PASSAMOS A NOS CONHECER MELHOR: ESSE É UM INGREDIENTE ESSENCIAL PARA O SUCESSO DE SE FAZER UM DESEJO.

Quando conheci a superocupada mamãe Carrie, ela me disse que se sentia muito cansada, lutando constantemente com suas filhas adolescentes, e sem tempo nem energia para dedicar a si mesma.

Ela me parecia culpada apenas por pensar em um "tempo para si mesma". No entanto, quando aprendeu a reservar um tempo para si todos os dias, Carrie parou de se preocupar demais com suas filhas complicadas, suas mudanças de humor enlouquecedoras e a constante expectativa das duas de que a mãe devia fazer tudo por elas... E, para piorar, com a total falta de gratidão! Assim que Carrie passou a desfrutar de "seu tempo" a cada dia, viu quanto isso refletia positivamente em sua família e fez com que todos ficassem muito menos estressados.

Se você ainda tiver dúvidas sobre a importância de dedicar um tempo a si mesmo, gostaria que se imaginasse com 97 anos de idade, recebendo um repórter que chegou para entrevistá-lo e quer saber sobre sua vida. Ele pergunta se existe alguma coisa da qual você se arrependeu de não ter feito. Qual seria a sua resposta? "Ahhh, mas havia tantas coisas que eu poderia ter feito, mas não fiz!". Por favor, pense um pouco sobre isso. Essa é uma pergunta que não deve ser descartada assim tão rapidamente. Essa é a *sua* vida, seu momento de fazer escolhas. Você poderá se arrepender de ter estado tão ocupado trabalhando que não percebeu a importância dos relacionamentos e do amor que recebeu? Será que vai se perguntar qual o significado de toda aquela corrida atrás de dinheiro quando perceber que, no final, ele tinha tão pouco valor? Ou, então, se arrependerá de ter passado tanto tempo às ordens dos outros, sem oportunidade para fazer as coisas de que realmente gostava? Terá se arrependido de permanecer tanto tempo naquele emprego que detestava, simplesmente porque ele oferecia plano odontológico e outras regalias? Sim, são perguntas incômodas, mas que detêm a chave para a liberdade, então não as atire no cesto das "perguntas muito difíceis". Isso é muito excitante!

Na verdade, se você pensasse cuidadosamente na maneira como gostaria que a sua vida se desenrolasse, seria possível conseguir dicas e pistas muito poderosas quanto ao modo de seguir em frente. Isso seria de muita ajuda para construir um futuro melhor. O que talvez exista de melhor sobre o "tempo para si mesmo" é que ele ajuda a separar aquilo que você *acha* que precisa das coisas de que *realmente* precisa. Lembre-se de que nunca haverá momento melhor para começar a fazer todas as coisas que você sempre quis ou pretendia fazer. Por isso, por favor, sem desculpas. Não há necessidade de postergar por mais tempo. Não termine a sua vida em um profundo pesar devido ao medo ou à ignorância.

Já está mais do que na hora de ver o quadro geral e quanto você significa e representa nesse cenário. Somos todos seres espirituais que já existiam muito antes de nossa vida presente. Somos almas talentosas e corajosas, que aceitaram vir até aqui para aprender e crescer, para ser o nosso fabuloso melhor. E embora muitas coisas em nosso planeta nos causem aflição, isso é também uma grande oportunidade. As decisões que tomamos sobre nossa vida causam um grande impacto sobre a daqueles que nos rodeiam, e, por sua vez, sobre a dos outros. Assim, não se engane, independentemente de quem você é ou de onde vive, você importa. Se todos fizermos boas escolhas, podemos literalmente mudar o mundo. Essa é uma das muitas coisas positivas que podem vir de toda a incerteza que nos rodeia. Como Gandhi instruiu em sua famosa orientação: "Seja a mudança que você quer ver no mundo". Juntando nossos esforços, eu e você podemos ser parte da grande "mudança" na forma como vivemos e amamos, e poderemos apreciar e desfrutar a vida. Este é o momento de explorar os dons que possuímos e de nutrir a nossa autoconsciência. E tudo isso começa com o "seu tempo".

Já ESTÁ MAIS DO QUE NA HORA DE VER O QUADRO GERAL, E QUANTO VOCÊ SIGNIFICA E REPRESENTA NESSE CENÁRIO.

Assim que você começar a valorizar e a imbuir a sua vida com amor, passará a sentir-se mais capacitado. Vai aprender a criar tudo o que sempre sonhou fazer, ser e ter, de uma forma que ressoará em seu coração e alma. Por quê? Porque você é excepcional. Você é abençoado com uma sabedoria profunda e possui a capacidade de expandir suas habilidades muito além dos sistemas de crença atuais, permitindo assim que seus sonhos se tornem realidade.

*"O Desejo* mudou a minha vida, tornou-me mais otimista e feliz em relação ao meu futuro. Em vez de me sentir triste e miserável, cheia de tudo e deprimida, agora sinto-me forte, otimista e esperançosa para prosseguir com minha vida. Ele realmente me mudou."

Dee, proprietária de um salão de beleza em Paris.

# 4
# Uma mudança repentina e espetacular

Então, vamos iniciar a jornada de *Desejos*. Procure voltar à sua infância por apenas um momento. Relembre aquela emoção inicial, aquela excitação, aquela sensação inebriante de realização. Sinta o poder emergir em você, sinta a força vital em movimento ao longo de todo o seu ser e saindo para o seu mundo. Fazendo isso, você cria um vasto campo positivo de energia brilhante, que se tornará uma força infinita expandindo-se dentro de você, trazendo inspiração e renovação, permitindo que você faça o impossível se transformar em possível.

Já falamos muito sobre poder, mas raramente tivemos a oportunidade de sentir como é o verdadeiro poder. Neste exato momento você está vivenciando o seu próprio e verdadeiro poder, e foi a sua imaginação que fez com que isso se tornasse possível. Observe, ao mesmo tempo que se transporta de volta para a liberdade que vivia na infância, como se sente subitamente liberado do seu pensamento limitado. O verdadeiro poder faz com que nos sintamos assim, e essa é outra das ideias com as quais trabalhamos. O verdadeiro poder nos torna mais abertos, mais dispostos a nos aproximar dos outros, a nos reconectar. Mas isso não é tudo.

Na medida em que sua força vital se expande e se fortalece, os outros não podem deixar de notar a mudança que se instala em seu interior. Assim que comecei a entender esse princípio, descobri meus amigos comentando sobre minha positividade natural, minha *joie de vivre*, e quanto eles se sentiam bem em minha companhia.

O VERDADEIRO PODER NOS TORNA MAIS ABERTOS, MAIS DISPOSTOS A NOS APROXIMAR DOS OUTROS, A NOS RECONECTAR.

Perceba que essa nova energia que você carrega é captada e sentida aonde quer que você vá. Ela se irradia para fora e em todas as direções, tocando os seus amigos, seus colegas e a sua família. Há algo sobre você que é genuinamente magnético. É hora de descobrir o poder de seu verdadeiro carisma. Um indivíduo carismático naturalmente atrai elogios das pessoas, assim como o calor e a atenção positiva de todos aqueles que esse indivíduo deseja que estejam por perto. Assim que incorpora a força vital, você começa a vivenciar grandes e pequenos milagres acontecendo dentro e em volta de si, enquanto sincronicidades deliciosas abundam, tudo isso capacitando-o ainda mais.

Enquanto se reconecta com seu poder pessoal para criar, ao mesmo tempo você começa a reconhecer um pouco daquilo que se torna capaz de fazer. Steve, um gerente de seguros na cidade de Cardiff, me conta que, quando precisa de vaga no estacionamento para um ônibus ou um carro, ele a cria antes mesmo de iniciar a sua viagem, dizendo que "sabe que essa vaga estará lá na hora certa, ela sempre está". Shelley, uma assistente de *catering* em Manchester, sabe que, quando deseja assistir a um filme, ela precisa apenas desejar que um de seus amigos telefone para lhe oferecer um ingresso. E é o que acontece!

Isso é nebriante, por isso, fique atento e mantenha a calma. Sua jornada apenas começou e você não pode tornar-se complacente quando o verdadeiro poder do Desejo é liberado e assume o controle de sua vida. Aí reside a derradeira e completa chave dourada dessa jornada: a criação de puros comandos originados de pensamentos planejados, por meio dos quais, graças ao imediatismo da sincronicidade, as oportunidades tornam-se então infinitas e ilimitadas.

# 5
# Limpe os bloqueios nas estradas

Enquanto uma parte de você está animada com a perspectiva de mudar sua vida, pode muito bem haver outra parte puxando a manga do seu casaco, dizendo-lhe que todas essas coisas maravilhosas não estão ao seu alcance – imagine, isso é só um sonho, você está esgotado e exaurido demais tentando chegar ao fim do dia para assumir mais alguma coisa, olhe quantos compromissos já assumiu! Tudo isso pode realmente parecer uma verdade cruel neste exato momento; entretanto, o importante é que finalmente chegou o momento de decisão. Você vai continuar controlado pelos padrões e problemas que tornaram sua vida tão infeliz no passado, ou terá a coragem de dar um passo além e encarar o futuro com uma visão totalmente nova? A escolha é sua. Como vai ser?

Mas você pode ser honesto consigo mesmo e realmente querer um novo começo, mas não tem ideia de como realizar essa mudança. Pois bem, é possível fazer isso. Primeiro, respire fundo. Relaxe. Agora, pergunte a si mesmo o que existe em sua vida que, até agora, tem restringido ou impedido que você seja a pessoa completa que quer e merece ser? Reflita profundamente: não se trata de simplesmente dizer que foi o seu chefe, a sua sogra, o seu saldo bancário ou a sua idade.

No entanto, por mais que tenham aparecido ou que existam em sua vida, mesmo esses obstáculos podem acabar fornecendo o impulso para iniciar a alteração que lhe permitirá encontrar a realização completa que sempre quis, mas nunca conseguiu enxergar ou perceber. Aquele velho ditado, "uma coisa leva à outra", parece cada vez mais verdadeiro. Essa centelha de realização provoca uma alteração natural, criando incríveis oportunidades por meio das quais uma pessoa pode evoluir.

Considere esses dois exemplos cotidianos: uma entrevista de emprego e uma festa em que você não conhece ninguém. Quando a insegurança se instala nos dois casos, você provavelmente começa a achar que vai dar tudo errado na entrevista e que seria preferível não comparecer à tal festa. Mas, espere, que tipo de vida é essa? Por que pensar "não vou conseguir esse emprego, não sou bom o suficiente para o cargo" ou "ninguém vai conversar comigo na festa, não vou me divertir nem um pouco"? Apesar de essas preocupações serem até legítimas e muito significativas, as desculpas seguem os mesmos padrões de sempre, que você vem alimentando até hoje. E, honestamente, você ainda não se cansou disso? Não acha que já está na hora de seguir em frente e mudar?

Em vez de seguir esse antigo padrão de insegurança, procure visualizar o resultado perfeito para cada uma das situações que enfrentar, como elas poderiam se resolver exatamente da maneira como você gostaria que fosse. É isso que os atletas de elite fazem todos os dias da semana. Eles pensam positivamente – relembrando sempre "como sou querido, como sou amado, como sou uma pessoa boa, como sou bonito"! Despreze toda a negatividade, a insegurança e a dúvida. Diga aos entrevistadores da empresa que você é a pessoa certa para ocupar a posição, e explique os motivos. Deslumbre as pessoas da festa com seu jeito de ser. Certifique-se de dar vazão completa à sua nova crença no "eu", sinta e veja o que isso pode lhe trazer, e já está trazendo.

Sempre que as horríveis pontadas das velhas crenças e preocupações ou essa inútil autocrítica surgirem para arruinar qualquer chance de se obter prazer com as coisas, lembre-se de que são as mais destrutivas forças trabalhando contra, e cabe a *você* combatê-las e colocá-las fora de jogo. Lembre-se de que o amor não pode trabalhar sua magia em seu favor enquanto tais emoções tiverem permissão para florescer.

Então, está mais do que na hora de corrigir todo esse antigo condicionamento, arraigado profundamente em seu interior, reconhecendo que você é a única pessoa que pode alterar as suas reações ao pensar de forma mais positiva sobre si mesmo. Isso significa amar-se mais, mesmo as partes de seu ser sobre as quais ainda não tiver muita certeza. Quando se ama todas as partes do ser, os outros farão o mesmo, porque eles captam a sua energia. Você merece coisas boas, portanto, perdoe-se por tudo aquilo que aconteceu antes, vire a página e altere o restante de sua vida para melhor. Nos capítulos finais do livro, ofereço algumas dicas sobre como fazer isso da forma mais eficiente.

QUANDO SE AMA TODAS AS PARTES DO SER, OS OUTROS FARÃO O MESMO, PORQUE ELES CAPTAM A SUA ENERGIA.

No final da história, todos podemos nos libertar quando começamos a acreditar que somos os donos do nosso próprio destino. Em primeiro lugar, porém, temos que reconhecer o nosso verdadeiro eu, a parte real de nós que está cheia de vida, luz e amor. Talvez, para alguns de nós, isso possa significar limpar os restos do passado, as antigas dúvidas, decepções e fracassos. Para outros, pode se tratar de não mais permitir serem governados pelos próprios medos, por aquilo que pensam que os outros esperam deles, ou por tentar competir com pessoas que nem sequer respeitam. Seja como for, todos esses momentos de realização e descoberta pavimentam o caminho para um futuro dourado.

# 6
## Os pensamentos são desejos disfarçados

Tudo o que vemos ao nosso redor começa com um pensamento, uma ideia, uma inspiração súbita. Trata-se da mesma inspiração súbita que aparece em nossas mentes quando menos esperamos – como convidar um velho amigo para passar umas férias divertidas conosco, dar orientação e apoio ao nosso filho adolescente que está prestes a fazer seu exame de final de ano, decidir o que fazer para ajudar um amigo que está passando necessidades, ou mesmo decidir a melhor forma de limpar o temido quartinho dos fundos: tudo isso nos dá a oportunidade perfeita de fazer com que a vida se transforme em algo realmente emocionante. Em uma escala bem maior do que a dos exemplos citados acima, esses pensamentos inspiradores conduziram a realizações muito acima do normal e foram fundamentais para a criação de edificações surpreendentes, como a Torre Eiffel e o Taj Mahal, e permitiram que invenções espetaculares como a máquina a vapor e o avião se tornassem realidade. Todas essas coisas vieram de momentos de inspiração. Então, para aprender a arte de se fazer um desejo, é preciso manter nossa imaginação viva, não apenas para nós mesmos, mas para nossos filhos também. É triste perceber que ainda hoje os devaneios e os voos de imaginação de nossas crianças são malvistos. No entanto, é esse nosso talento natural para o devaneio que transforma em algo melhor os pensamentos e atitudes inúteis que dominam nossos sistemas de crença atuais. Para fazer com que os nossos desejos se tornem realidade precisamos de tempo para sonhar, para ficarmos sozinhos intimamente, para desfrutar tanto quanto possível aquele "meu tempo". Além disso, é a quantidade de amor e de atenção que dedicarmos aos nossos pensamentos e desejos que determinará a extensão daquilo que eles criarem.

Precisamos manter nossa imaginação viva – não apenas para nós mesmos, mas para os nossos filhos também.

Desde a minha mais tenra infância, meus desejos vieram à fruição. Mas reconheço que alguns de meus sonhos, especialmente os maiores, levaram anos para acontecer. Mas, pensando bem, eu posso honestamente dizer que todos eles se realizaram. É interessante notar que sempre que manifestei um desejo, nunca dei bola para o tempo: eu tinha essa sensação de que o desejo se realizaria, não importa qual fosse, quando e como tivesse que ser. Simplesmente acreditava e pronto.

Quando eu era muito criança, queria um pônei preto, e no espaço de um ano ele chegou. Bambi tinha quatro anos quando veio morar conosco, um filhotinho por assim dizer, então é possível afirmar que nós dois aprendemos as coisas sobre a vida juntos. Eu o treinei e ele me treinou. Certo dia, quando eu estava com nove anos de idade, secretamente exprimi um intenso desejo – era mais como uma promessa, um voto – de que eu estaria ao lado de Bambi quando ele estivesse muito velho e sua hora de partir tivesse chegado. Naquela ocasião, eu *acreditei* nisso, *vi* isso e *senti* isso. Trinta e cinco anos mais tarde, meu desejo foi atendido. Muito magicamente, o falecimento de Bambi ocorreu no único dia, em semanas, em que eu estava em casa. Bem cedo naquela manhã ele entrou em colapso e eu estava lá, ao lado dele, exatamente da maneira como eu queria que fosse. Havia alguma coisa de divino em relação àquele desejo que tornou tudo aquilo possível.

Depois de desejar e conseguir meu pequeno pônei, quando ainda era criança, avancei para um desejo maior, um cavalo branco mágico que pudesse fazer coisas incríveis, como dançar e cavalgar pelo céu, comigo nas costas, é claro! Não foi muita surpresa descobrir que esse desejo levou quase 20 anos para se manifestar. Mas ele aconteceu. Assim, do nada, surgiu uma oportunidade, um momento de pura sincronicidade, de poder ser a dona de um cavalo incrível. Uma das primeiras vendas mundiais de crias da raça Lippizaner, os famosos cavalos brancos dançarinos da Escola de Equitação de Viena, foi realizada em um local que ficava a apenas seis quilômetros de onde eu estava. Para mim não havia o que questionar – eu sabia na hora, sem sombra de dúvidas, que meu desejo se tornaria realidade. E foi o que aconteceu. Comprei um jovem e lindo Lippizaner, exatamente o cavalo branco mágico que tinha desejado.

Enquanto cada um de meus desejos se tornava realidade, eu me via em êxtase – ainda me sinto assim – e agradecia profundamente ao universo. Em uma situação bastante diferente, quando morava no centro de Londres, era obrigada a estacionar o carro na rua. E sempre enviava um "desejo" para protegê-lo, uma vez que aquela era uma região onde as incidências de roubo de automóveis e vandalismo eram altas. Certa manhã, quando saía de casa para ir trabalhar, vi que a polícia estava por toda a parte na rua em que eu morava. Eles pediram para eu verificar o meu carro, pois outros dez tinham sido arrombados, seus toca-fitas e rádios arrancados e furtados. Os guardas me acompanharam até o meu carro e ficaram surpresos ao descobrir que eu não tinha perdido nada, a despeito de ter esquecido de trancar o veículo!

Em outra ocasião, meu marido Andrew e eu estávamos saindo de Londres para uma semana de férias. Depois de guardar as malas no carro, ele entrou e sentou-se no banco do motorista, deixando para mim a tarefa de verificar se todas as portas da casa estavam trancadas. Uma hora e tanto mais tarde, ocorreu--me, em um vislumbre, que eu havia deixado totalmente aberta a porta dos fundos que dava para o jardim. Não havia nenhuma chance de contar isso ao meu marido, então deixei escapar para o universo o meu desejo de manter a nossa casa a salvo. Uma semana mais tarde, voltamos e encontramos tudo exatamente do mesmo jeito que havíamos deixado. Andrew entrou primeiro e ficou profundamente alarmado e chocado ao encontrar a porta dos fundos aberta... E foi aí que eu confessei!

Então, o que tudo isso nos diz sobre exprimir nossos desejos? O poder da crença transcende todas as barreiras. Quando *realmente* acreditamos que alguma coisa é possível, nosso desejo atravessa todas as montanhas de "mas" e de "e se...". Ele rompe o nosso condicionamento precoce, passa através do áspero senso crítico interno e nos traz de volta a um lugar de encantamento e magia da verdade de "ser". Voltamos ao nosso pleno potencial, a tudo o que é nosso por direito enquanto vivermos nesta Terra.

Isso não é apenas uma teoria de minha autoria, mas algo que um número crescente de pessoas está vivenciando. Além disso, a ciência começa a medir os resultados. Para escrever seu livro *The Intention Experiment*, Lynne McTaggart entrevistou cientistas, curandeiros, monges budistas, entre outros, e formulou um programa de sucesso para criar resultados mais positivos em experiências laboratoriais relacionadas ao "poder da mente". Não, de forma nenhuma estou surpresa: a "intenção", ou como eu chamo, "fazer um desejo", pode ter – e tem – um efeito cientificamente quantificável.

A questão é: como podemos fazê-lo funcionar para nós?

# 7
## O PODER DO TRÊS

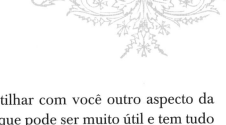

Agora, gostaria de compartilhar com você outro aspecto da atitude de se fazer um desejo, que pode ser muito útil e tem tudo a ver com o número três. Há um grande poder no número três. Você já deve ter notado como são quase sempre três os desejos que os gênios concedem nos contos de fada.

Três também é o número místico que se mostra repetidamente nos grandes mitos do mundo – as Três Parcas (Cloto, Láquesis e Átropos), as Três Musas (as deusas da beleza, charme e criatividade) e as Três Graças (Cephisso, Apollonis e Borysthenis, filhas de Apolo). Mesmo a pitonisa do Templo de Apolo sentava-se em um tripé, uma cadeira de três pés, e Cérbero era um cão de três cabeças. E não nos esqueçamos tampouco das Três Fúrias e as Três Górgonas, além do trio mais famoso de todos, os Três Reis Magos, Belchior, Baltasar e Gaspar. O número três é um dos componentes principais dos contos populares também: os três porquinhos, os três ratinhos cegos ou os três ursos, enquanto o carvalho, o freixo e o espinheiro eram conhecidos como a "tríade das fadas" das árvores, ou seja, onde quer que crescessem juntos, era ali que as fadas viviam. Aprofunde-se nesses três e você começará a notar como o número pode ser especial de muitas maneiras. O três denota a perfeição divina. O três descreve a eternidade do próprio tempo através do "passado", "presente" e "futuro", enquanto "corpo", "mente" e "espírito" englobam a vida, e "ciência", "arte" e "religião" abrangem praticamente todo o restante. Tudo isso é baseado no número três. Quando lançamos uma moeda, no cara ou coroa, geralmente o vencedor é definido por uma "melhor de três". Há três cores primárias, e com o três chegamos também à geometria: duas linhas retas não podem encerrar um espaço ou formar uma figura, nem podem duas superfícies planas formar massa; três linhas são necessárias para formar o desenho mais básico, e as três dimensões – comprimento, largura e altura – são necessárias para formar massa.

APROFUNDE-SE NESSES TRÊS E VOCÊ COMEÇARÁ A NOTAR COMO O NÚMERO PODE SER ESPECIAL DE MUITAS MANEIRAS.

Assim, as palavras "bom", "melhor" e "ótimo" definem nossa noção de comparação e qualidade; já as três palavras "pensamento", "palavra" e "ação" podem descrever nosso ponto de vista sobre a capacidade humana, enquanto "animal", "vegetal" e "mineral" representam nossa compreensão da matéria. Quando você começa a procurar, os três passam a aparecer sem parar.

E, é claro, o número três é muito prevalente na natureza também. Veja o caso da abelha, um inseto que trabalha duro e que é tão vital para o bem-estar do homem. Para ela o número três (e seus múltiplos) parece ser extraordinariamente significativo. O que eu quero dizer com isso? Bem, o ovo da abelha-rainha leva três dias para chocar, sendo então alimentado durante nove dias. Ele atinge a maturidade em 15 dias, enquanto a operária amadurece em 21 dias e já está trabalhando três dias depois de deixar a sua célula. Já o zangão matura em 24 dias. A abelha é constituída por três seções, uma cabeça e dois estômagos, e seus olhos são compostos por cerca de 3 mil olhos menores, cada um com seis lados. Na parte de baixo de seu corpo estão as seis pernas adaptadas para o transporte de pólen e resinas. Cada uma dessas patas é composta de três partes, com os pés formados por três outras seções triangulares. Já as antenas consistem de nove seções, enquanto o ferrão tem nove farpas de cada lado. Será que tudo isso é obra do acaso ou foi projetado assim? De qualquer modo, por que o três é tão prevalente? Talvez porque o cérebro possa ver, contar e compreender melhor, mais rápido e de forma mais fácil quando as coisas – os pensamentos, os conceitos, os itens – nos são apresentadas em grupos de três, e não mais do que isso. Do número quatro em diante, o cérebro começa a se confundir sobre em que lugar procurar, e o que procurar, enviando os olhos para este e para aquele lado. Uma lista de três é muito mais fácil de lidar do que outra com cinco, ou sete, ou mais que isso. Então, quando criança, fazia muito sentido que tudo que você aprendesse fosse geralmente centrado no número três, pelo menos no começo – você lidava com seu A, B e C e com seu 1, 2 e 3, e assim por diante, tudo em pedacinhos pequenos, com poucas chances de haver confusão.

Durante algum tempo, percebi que o número três tinha extrema importância e, enquanto trabalhava com essa percepção, comecei a ver como o processo de manifestar um desejo também se conecta com o poder do número três. Já discutimos um pouquinho sobre a necessidade de aumentar a nossa energia vital para que possamos nos sentir mais capacitados, para permitir que os nossos desejos aconteçam. Bem, o uso de três ferramentas nos ajuda ainda mais a criar essa carga energética.

O três será uma parte importante quando entrarmos nos intricados meandros do processo de manifestar um desejo, mais tarde neste livro. Em resumo, o três é necessário para que o ato de se exprimir um desejo seja adequadamente compreendido e totalmente absorvido pelo cérebro. Ele fornece ao cérebro algo tangível. Quando considerar a alquimia dos desejos e do ato de desejar alguma coisa, por favor lembre-se de que o três representa uma parte muito importante nesse processo.

# 8
## Recarregue suas baterias

Tudo o que existe no universo é construído pela infinita movimentação dos átomos. Esse movimento requer energia para que se mantenha a força vital em ação. Para desfrutar de movimento em sua vida, incluindo o desejo de avançar, é necessário energia também. E para que os desejos se transformem em realidade, igualmente será preciso usar essa força vital. Por isso, é crucial que você encontre formas positivas de energização. Como fazer isso?

Um antigo pergaminho encontrado perto do Mar Morto detalha três elementos – o pensamento, as palavras e as sensações – que são absolutamente vitais para permitir que o processo de cura ocorra eficazmente no corpo. Nós já conversamos um pouco sobre os sentimentos e as sensações, mas isso nos leva bem mais longe. Enquanto trabalhava com as emoções e as sensações físicas das pessoas em meus cursos, eu obtinha um conhecimento maior de como essas percepções e sensações desempenham um papel central na consecução de nossos desejos. Fui apresentada a uma forma de trabalhar com as sensações físicas que possuímos, para alterar e afastar as lembranças negativas que mantemos conosco e para restabelecer as memórias positivas. *Veja, sinta, viva.*

Embora isso possa parecer um pouco simples demais, enquanto estudava esse princípio eu comecei a enxergar quanto a capacitação pessoal é importante por si só. Ela é crucial para fazer com que nossos sonhos se tornem realidade. Mais do que isso, ela funciona. Vale a pena aperfeiçoar essa possibilidade, porque, não se engane, existe um mundo mágico ao seu redor. É só você ficar parado pelo tempo suficiente para conseguir capturá-lo.

Mas como funciona esse processo de exprimir desejos? Tudo se resume às suas palavras escolhidas sendo emitidas em ondas pelo pensamento. Quanto mais forte e focado for o pensamento, mais fortes as ondas se tornarão, enviando sinais que podem ser intuitivamente sentidos e reconhecidos pelos outros. Então, quando um amigo estiver se sentindo muito triste, ele tem um forte padrão de pensamentos negativos, que você pode reconhecer de três formas. Em primeiro lugar, o que você vai ouvir na voz dele, já que o tom de voz da pessoa será mais baixo e inflexionado para dentro. Em segundo lugar, pelo que verá a partir da expressão corporal e facial desse amigo, pois os olhos estarão voltados para baixo e os ombros, caídos. Em terceiro lugar, você atrairá essa energia depressiva e "carente", o que vai acabar afetando a sua própria energia e fazer com que você se sinta "sugado" na presença do amigo. Isso pode acontecer até se estiver conversando com ele pelo telefone. Pense em uma conversa telefônica que manteve com alguém profundamente infeliz. Aposto como vai se lembrar de quão cansado se sentiu depois. É por esse motivo que ficar ao redor de pessoas deprimidas e infelizes pode ser tão difícil.

A extremidade oposta dessa escala se manifesta quando um amigo demonstra muita alegria e emoção por alguma coisa maravilhosa que tenha acontecido. Novamente, você vai se relacionar com ele das mesmas três formas. Uma, o tom de voz do amigo será mais energizado e otimista. Dois, ele acabará mostrando sinais físicos de que está fortalecido, por meio de expressões faciais e gestos mais positivos: os olhos podem se mostrar brilhantes e muito abertos, a conversa é mais animada. E três, esse amigo estará continuamente emitindo vibrações positivas que são ao mesmo tempo energizadas e cativantes. Você vai se sentir bem ao lado dele e, por isso, mais do que contente por passar mais tempo em sua companhia.

Uma vez que suas vibrações podem tanto ajudar quanto trazer dificuldades para você, saber como elas impactam os outros torna muito mais fácil transformar-se em alguém positivo, ter o "seu tempo", amar e acreditar em si mesmo, e então florescer. Seus sentimentos e sensações são uma ótima maneira de estender a mão para os outros, por isso, use-os de forma adequada. Eles também são um excelente barômetro do que está realmente está acontecendo ao seu redor. Uma pessoa pode parecer muito agradável, mas você tem a sensação de que ela não tem o melhor interesse no coração, de que só está sendo amigável com você porque isso tem alguma utilidade para ela, ou porque não tem uma vida própria ou porque ela deseja aquilo que você tem. Essa não é a base adequada para uma boa amizade e pode drenar sua energia ou até mesmo trazer muita dor de cabeça. Então, em vez de avaliar as pessoas pelo valor aparente, é melhor ouvir os seus sentimentos.

Vamos estudar então essa percepção mais detalhadamente e examinar como você se sente em relação a certas questões neste exato momento. Você vai entrar em sintonia com suas sensações e sentimentos, de forma a poder obter uma leitura precisa de sua posição.

Pense nas seguintes situações, uma de cada vez. Primeiro, você vai ao dentista. Segundo, você marcou as férias de sua vida. Explore como seus sentimentos diferem em cada situação.

Concentre-se em cada situação por alguns instantes para examinar exatamente como você se sente em relação a ela em seu interior. Preste atenção especial ao seu plexo solar, situado logo abaixo do peito. Trata-se de uma parte importante de seu corpo, porque é ali que reside o seu poder pessoal. Você poderá dizer se o pensamento é agradável se ele gerar uma sensação de calor interno e de benefício positivo, enquanto uma sensação desagradável fará com que você fique desconfortável e pouco à vontade.

Isso demonstra como são poderosos os seus pensamentos e o impacto que eles causam em seu corpo, isto é, energizando e fazendo com que você se sinta ótimo ou trazendo sensação de infelicidade e desmotivação. Lembre-se: aquilo que você imaginar, poderá criar. Bons sentimentos têm a capacidade de aumentar a sua energia vital, de dar aos seus desejos uma boa vantagem. Você pode usar sua energia vital para visualizar bons resultados para si mesmo no trabalho, nos relacionamentos, nas férias, no planejamento de uma reunião com velhos amigos ou em qualquer outra coisa que esteja esperando. Ela pode ser usada até mesmo para criar o cenário perfeito, mesmo que seja em uma visita ao dentista!

Logo analisaremos os meandros dessa afirmação, mas antes é fundamental assegurar que você use seus sentimentos de forma positiva, para que sua energia seja constantemente reabastecida. Não é suficiente apenas ser energizado, também é importante saber como manter nossa energia intacta e segura, de modo a não perdê-la – devemos manter nossa preciosa força vital para nos ajudar a criar nossos mais profundos desejos. A única região em seu corpo da qual a energia escapa toda vez que você se sente emocionalmente perturbado é, novamente, o plexo solar. Essa é a área que contém as suas emoções, e quanto mais sensível você for, mais suscetível à perda de energia nesse ponto você estará.

LEMBRE-SE: O QUE VOCÊ IMAGINA, VOCÊ CRIA.

Veja a seguir um pequeno e maravilhoso exercício para garantir que você cuide bem de sua energia. Faça-o regularmente e os benefícios serão enormes.

\*\*\*

Primeiro, fique em pé, respire fundo, solte o ar e sorria. Traga as mãos juntas na frente das coxas, com os dedos estendidos e apenas as pontas tocando as pontas dos dedos da outra mão. Mantenha as duas mãos a alguns centímetros de distância do seu corpo.

Ainda com as pontas dos dedos se tocando e deixando as mãos a alguns centímetros do corpo, movimente-as lentamente e deliberadamente à frente do seu corpo, até sua boca, e depois as separe, afastando cada uma delas para ambos os lados do seu rosto, como se estivesse fechando um zíper... Que é exatamente o que você está fazendo para vedar e proteger a sua energia! Este pequeno exercício pode ser feito pela manhã, antes de sair de casa, ou sempre que você sentir necessidade, como, por exemplo, antes de uma reunião ou de um encontro. Ele impede que alguma pessoa retire a sua energia e o enfraqueça física, mental ou emocionalmente. E isso vai significar mais energia em você para criar o clima perfeito para que venha a gozar a vida.

\*\*\*

"Uma das coisas mais importantes que faço agora é vedar a minha energia. Cuido para não absorver a energia das outras pessoas e não permito ser drenada por elas, por isso, agora sei muito bem como levantar meus escudos e proteger minha própria energia, de modo que me tornei mais útil também. Estou muito mais feliz, muito mais otimista e tenho uma confiança bem maior em mim mesma – realmente, estou cuidando melhor de mim, em vez de ficar sempre absorvendo tudo que acontece à minha volta."

Jenny, gerente de recursos humanos, Londres.

# 9
# Por que suas palavras têm importância

Agora que já analisamos seus sentimentos e sensações, e os motivos pelos quais eles são tão importantes em sua energia vital, chegou o momento de avaliar o efeito das palavras. Palavras têm um poder imenso e são um elemento essencial para que nossos desejos se tornem realidade. Mas como podemos usá-las para nos capacitar e fortalecer?

PALAVRAS DETÊM UM PODER IMENSO E SÃO UM ELEMENTO ESSENCIAL PARA QUE NOSSOS DESEJOS SE TORNEM REALIDADE.

Você deve tomar a iniciativa para que seu desejo se torne realidade. Isso pode parecer bastante óbvio, mas estamos falando sobre iniciar o pensamento de comando para literalmente fazer que seu desejo aconteça. Você dá esse comando ao usar as palavras certas. Trata-se sempre do detalhe – nunca deixe nada ao acaso quando estiver exprimindo um desejo.

Mas como isso funciona? Quando você desfruta de uma sensação de felicidade interior, naturalmente se sente vivo e energizado. É uma centelha dessa energia que ilumina a sua mente e oferece o momento perfeito para trabalhar com o seu pensamento, para comandar o sonho que terá lugar em sua vida. Quando você usar as palavras certas para o seu desejo, a energia por trás delas se expandirá e, assim como um campo magnético faz, passará a atrair o que for necessário para que você possa encontrar um novo emprego, escrever o seu livro, viajar para o exterior, estudar ou qualquer outra coisa que você adoraria fazer. Ao escolher as palavras certas, seu potencial pleno, que está à espera nos bastidores, ganha vida como se fosse um carro de Fórmula 1 acelerando fundo no *grid* de largada.

Quando você comanda seu "pensamento intencional" mental e visualmente, e ao mesmo tempo experimenta a sensação de antecipação, como vimos anteriormente, ajuda a criar o seu caminho futuro. Nossas palavras então fazem com que os pensamentos e as sensações – assim como os desejos – se tornem mais concretos. Mas antes que possamos adicionar o poder das palavras a essa mistura, é importante equilibrar pensamentos e sentimentos. Por exemplo, é possível que alguns de nós tenha conhecido pessoas com grande dificuldade para sentir, quanto mais demonstrar, as emoções, pois tinham perdido a sensibilidade para fazer isso. Já outras são tão emocionais que mal conseguem controlar seus sentimentos. Se nossos pensamentos ou sensações estiverem desequilibrados, é quase impossível sermos proativos.

Veja o caso de Fay, uma mulher de grande sucesso na área financeira, que certo dia me telefonou em um estado terrível porque tinha acabado de ser despedida do emprego. Fay trabalhou nessa empresa por mais de dez anos e sua demissão chegara de forma totalmente inesperada. O patrão simplesmente pagou-lhe o salário de mais um mês e pediu que limpasse sua mesa naquele mesmo dia. O choque da situação foi devastador para ela. Fay assumiu a questão como se fosse algo pessoal e de repente começou a se sentir uma pessoa totalmente inútil. Também se sentiu traída pela empresa à qual tinha dedicado tanto tempo de sua vida. Assegurei a Fay que o ponto de vista empresarial nunca é pessoal e que a maneira fria e calculada com a qual ela foi tratada é motivada por questões econômicas, nunca pela compaixão – e esse era um comportamento que eu conhecia muito bem, já que trabalhei no setor corporativo. Para que Fay pudesse seguir em frente, eu precisava ajudá-la a esquecer aquela emoção de perder o emprego e, ao contrário, se concentrar em como ela poderia trazer sua capacitação de volta ao pleno potencial.

Quando sofremos esse tipo de trauma, compreensivelmente levamos tempo para nos recuperar, por isso, é fundamental que o processo de reconstrução do "eu" se inicie o mais rapidamente possível. Normalmente, sugiro dar um tempo de alguns dias, talvez na casa de amigos, ou até mesmo saindo de férias – faz toda a diferença quando você vai para outro lugar com alguém, porque passa a enxergar as coisas de um ponto de vista diferente. O que a gente precisa é de um tempo (e sim, você tem o "seu tempo")! Precisamos relembrar quem somos nós, acima e além dos dramas que estamos enfrentando. Por quê? Porque isso nos traz de volta ao centro. Só então encontraremos a melhor forma de continuar seguindo em frente. Seja um parente ou um amigo próximo, e não você, passando por um problema, lembre-se de que não se pode viver por eles, mas você pode lhes assistir em sua jornada, desde que assim seja solicitado. As palavras podem sempre nos ajudar nesse processo de reequilíbrio. Como muitos de nós, Fay precisava das palavras diárias de comando para restabelecer seu poder. No caso dela, ensinei-lhe a proclamar: "Eu sou o poder, eu sou responsável por minha vida, eu estou segura" três vezes a cada manhã e todas as noites durante duas semanas. Essas seriam as suas "palavras de comando". Depois de apenas dez dias, a mudança nela já era enorme. Quando voltou para me ver, seu estado de espírito já era muito positivo e ela estava bastante otimista. Fay havia inclusive tomado a decisão de não procurar de novo o mesmo tipo de emprego, já enviara seu currículo e recebera várias e estimulantes ofertas de trabalho. Mais uma semana se passou e então, certo dia, ela me telefonou para dizer: "Adivinhe só! Já consegui um novo emprego, com um salário melhor e muito menos estresse!".

Lembre-se: quando estiver enfrentando um problema, use o pensamento criativo e uma palavra de comando – em outras palavras, saia da caixa. Use a sua intenção (isto é, foque seus pensamentos) para trabalhar com a questão e, em seguida, use a sua intuição, sua inspiração, para encontrar a palavra de comando correta que o ajude a recuperar o seu poder e, assim, criar o resultado desejado. Quando você usa bem as suas palavras, torna-se apto a fazer algo bastante excepcional e incomum.

Você também pode usar as palavras de modo ainda mais prático, como Sean e seus amigos fizeram quando precisaram pegar um avião: "Queríamos saber se o dia seguinte, dia 23, seria um bom momento para voar", contou-me ele. "Foi assim que lançamos nosso desejo de que seria um bom dia para voar, embora houvesse mais de 100 pessoas na lista de espera. Então, contra todas as probabilidades, recebemos uma chamada da companhia aérea dizendo que nós quatro tínhamos sido confirmados no voo do dia 23. Houve uma maravilhosa sensação de estarmos em sincronia com o universo!". Os pensamentos de comando de Sean foram bem claros, de modo que o universo pôde responder.

O mesmo se aplicou a Sunny, uma jovem australiana na casa dos 20 anos que trabalhava em Londres e me contou que estava se transferindo para um emprego realmente fantástico. Porém, ela estava preocupada, pois não ganharia tão bem quanto em seu emprego anterior. Sunny explicou que não queria dar a seus novos empregadores a impressão de que era uma pessoa motivada apenas pelo dinheiro, mas que acreditava valer mais do que lhe fora oferecido. Ela sentia dificuldade em dizer aquilo que desejava, por isso sugeri a ela que, nos três dias anteriores à entrevista, trabalhasse seus pensamentos. Isso significava sentar--se em silêncio por alguns momentos a cada dia e repetir três vezes as palavras de comando: "Eu mereço £5 mil por mês". Esse era o valor que Sunny desejava, mas tinha medo de declarar. Três dias mais tarde, quando o entrevistador perguntou-lhe o salário que desejava, Sunny confirmou a cifra de £5 mil com total confiança. Dois dias depois da entrevista, foi-lhe oferecido o emprego com o salário que ela havia pedido.

Quando nossos pensamentos são bem claros, é muito mais fácil para o universo responder na mesma moeda. As palavras nos ajudam a ligar os pontos e fazer com que nossos desejos se realizem.

# 10
# Quem sou eu?

Já falamos sobre a importância de dedicar um "tempo para si mesmo", mas agora chegou o momento de se dar um impulso muito necessário de confiança, e descobrir mais sobre quem você realmente é. Você tem alguma ideia de quem realmente seja? Essa é uma pergunta muito importante a ser respondida, mas a maioria de nós simplesmente continua a se apressar em meio à rotina diária sem saber que as expectativas que temos de nós mesmos resultam de nossa família, do meio cultural no qual estamos inseridos ou das experiências que vivemos, sendo originadas também de nosso trabalho e dos amigos, do lugar onde moramos, da propaganda e da cultura popular, enfim, é uma soma de todas as fontes e não propriamente de nosso autoconhecimento.

Quando refletimos sobre quem somos, a maioria de nós automaticamente pensa no nome, já que é dessa forma que nos identificamos. Faz sentido, uma vez que as palavras detêm grande poder. Elas capturam o que há de essencial sobre uma pessoa, um local ou um objeto. Ao pensar sobre isso, fica fácil compreender que seu nome realmente diz alguma coisa sobre você. Os inúmeros livros sobre nomes e seus significados históricos, culturais e linguísticos demonstram como os nomes são importantes.

Os significados por trás de seu nome próprio, no entanto, oferecem mais formas de reconhecer quem você é. Meu nome origina-se simplesmente de "anjo" e, para mim, representa um mensageiro. Quão apropriado isso pode ser? De todo modo, dedique algum tempo para refletir sobre seu próprio nome. (Um nome, entretanto, também pode disfarçar a sua identidade e, portanto, não representar quem você acredita ser. Uma amiga contou-me certa vez que, quando era ainda muito nova, não podia usar seu nome de batismo, Janine. Ela vivia dizendo aos pais que seu nome "verdadeiro" era Sasha e começou a usá-lo a partir de então, convencida de que era o único nome verdadeiramente apropriado para ela.)

Existe uma técnica maravilhosa de fortalecimento, capaz de lhe conferir autoridade e que você pode usar para alinhar-se com a verdadeira essência do seu nome. Você deve repetir o seu nome como se fosse um mantra, em momentos tranquilos – no carro, no chuveiro, na cama antes da hora de dormir. Isso fortalecerá o campo energético e interromperá a sua sensação de estar sempre pedindo desculpas para si mesmo, colocando-o em contato com sua essência. Após refletir sobre o seu nome e sobre o que ele revela, é hora de investigar um pouco mais a fundo e avaliar quem é você por meio da análise do que mais gosta de fazer. Pegue um pedaço de papel e faça uma lista tão completa quanto possível sobre as coisas de que gosta. Não importa se forem muito simples ou mesmo algo que tenha feito apenas uma vez na vida. Anote tudo que vier à mente, porque cada coisa tem uma chave para a felicidade. Não pare ao escrever apenas um ou dois itens, mantenha suas ideias fluindo até que tenha esgotado sua lista de coisas que fazem e fizeram sua vida ser especial de alguma maneira.

Agora, pare o que estiver fazendo por um instante e repasse as coisas que escreveu. Perceba como é bom pensar sobre todas as possibilidades de melhoria de vida que você tem diante de si. Então, o que fazer com isso?

Quando elaborei a lista pela primeira vez, de repente percebi que, se tivesse que abrir um espaço para todas aquelas muitas e maravilhosas possibilidades que havia listado, não haveria tempo – ou este seria muito pouco – para cuidar das coisas mundanas e maçantes que preenchem nossa vida. É evidente, ainda temos que pagar as contas, ir ao supermercado, limpar a casa e realizar todas as tarefas que nos mantêm e às nossas famílias, mas isso não precisa ser o ponto focal de nosso dia, sequer de nossa semana.

Inspirada por minha lista, comecei a reorganizar meus dias e semanas para ter mais tempo de fazer o trabalho de que gosto e as coisas que amo fazer no meu tempo livre – que são, para mim, andar em meu cavalo, preparar uma refeição daquelas, encontrar as velhas amigas para um jantar, organizar festas e planejar viagens.

Fazer o que amamos fazer, aquilo que nos alimenta, eleva nossa energia vital, tal como fizemos quando pensamos sobre nossos desejos se tornando realidade. Quanto mais fizermos isso, mais viveremos em um espaço mais feliz, o que torna muito mais fácil atrair mais do mesmo. Quanto mais alta estiver nossa energia vital, de menos esforço precisaremos para atrair as boas coisas.

O passo seguinte é reservar um tempo muito especial para apreciar apenas o "ser" ou, ainda mais importante, para fazer o que amamos. Por exemplo, um executivo muito atarefado pode decidir que, não importa o tamanho de sua carga de trabalho naquele dia, vai assumir o controle e sair da empresa no horário para curtir uma grande noite. A mamãe superocupada pode organizar sua agenda de uma forma diferente para não passar sempre pelo mesmo caminho – quem sabe alguém pode ir buscar as crianças na escola, só para mudar um pouco?

Quando adoramos o que fazemos, os nossos projetos encontram todo o nosso entusiasmo. Envolvemo-nos com eles facilmente e de forma dinâmica. É por essa razão que o "tempo para mim" se define como uma das principais chaves para encontrar a satisfação. Na verdade, o ato de convidar esses momentos especiais para participarem de nossa vida é um enorme passo e um grande feito. Seja por meio do relaxamento, de planos para fazer algo emocionante ou apenas executando algo totalmente diferente, o simples ato de reservar alguns minutos para descobrir mais sobre seu verdadeiro "eu" é um salto adiante incrível, especialmente para aqueles que não conheceram esse caminho antes. Para algumas pessoas, reservar esse tempo pode parecer um luxo, mas o importante é se lembrar de que esse "luxo" é algo que você realmente merece. Falando nisso, nenhum de nós pode se dar ao luxo de perder ou ignorar qualquer possibilidade de aumentar o bem-estar, a realização pessoal e a chance de encontrar nosso verdadeiro eu.

Sem dúvida nenhuma, descobrir o que faz o seu coração cantar é o caminho para a felicidade e o contentamento. Infelizmente, porém, muitas vezes essas qualidades não estão disponíveis em nossa vida cotidiana. Aquilo que você gera em seu interior exerce um grande efeito sobre todos aqueles que o rodeiam. Quando você faz o que ama de verdade, seu impacto na vida das outras pessoas ocorrerá das mais inesperadas formas. Suponha que alguém lhe diga de passagem alguma coisa extremamente elogiosa. Se você estiver se sentindo bem consigo mesmo, poderá muito bem sorrir e agradecer, permitindo que aquele elogio seja um maravilhoso impulso de autoconfiança e um sentido real de autoestima. Essas sensações, por sua vez, vão influenciar e beneficiar a próxima pessoa para quem você sorrir ou com quem conversar, seja no supermercado ou enchendo o tanque do carro. Você iluminará o dia dessa pessoa, ela acabará fazendo a mesma coisa com alguém e assim por diante. Não há fim para o bem que se pode criar quando somos verdadeiros fazendo aquilo que amamos.

SEM DÚVIDA NENHUMA, DESCOBRIR O QUE FAZ SEU CORAÇÃO CANTAR É O CAMINHO PARA A FELICIDADE E O CONTENTAMENTO.

Um conselho gentil e importante: nem todos responderão como você esperava, mas isso faz parte do processo de autoesclarecimento e de permitir que outros comandem a sua vida. Certamente existem pessoas que não esperam nem desejam que você se torne totalmente fortalecido e completamente independente. Por quê? Porque, se for assim, essas pessoas não terão mais poder sobre você. Podem ser amigos inseguros em relação a si mesmos, um chefe difícil de lidar, um parente muito próximo ou mesmo um sócio. Saber que existe alguém em sua vida que o sufoca pode machucá-lo ou amedrontá-lo, além de preocupá-lo a ponto de querer fazer mudanças que poderão emborcar o barco. Mas não permita que nada disso chegue até você, porque de repente a mudança será a chave que o libertará da prisão.

A melhor maneira de mudar o mundo é mudar a si mesmo a partir de seu interior. Quando você passa a se conhecer melhor e a pensar mais em si mesmo, a profecia autoconcretizada sobre quem você mais deseja ser terá sido cumprida.

Lembre-se: quando você cresce internamente, torna-se uma pessoa melhor e, por extensão, o mundo se torna um lugar melhor. Uma boa maneira de avançar quando estiver se sentindo um pouco vacilante é pedir ajuda para a Fonte do Universo. Essa é a nossa maior ligação com o Criador, cujo Amor não tem limites e de quem recebemos nosso maior e melhor bem. Em seguida, saia em sua própria jornada de autodescoberta.

QUANDO VOCÊ PASSA A SE CONHECER MELHOR E A PENSAR MAIS EM SI MESMO, A PROFECIA AUTOCONCRETIZADA SOBRE QUEM VOCÊ MAIS DESEJA SER TERÁ SIDO CUMPRIDA.

# 11
## VIVA SUA PAIXÃO

Feita a lista das coisas que ama fazer e vislumbradas as melhores formas de separar algum "tempo para si mesmo" em meio à agenda ocupada, vamos agora aprimorar esse processo. É possível que ninguém jamais lhe tenha dito que você detém o poder de criar – mas isso está dentro de você. Eis um conceito poderoso, por isso vamos deixar que ele comece a fundir-se lentamente ao seu ser. A chave para a criação é ter a energia disponível para fazê-la acontecer. Já vimos a importância do amor, e agora é hora de examinar as suas paixões, mas como elas se encaixam? O amor é o alicerce de todo o processo de expressão de seus desejos, e a paixão é o que faz esse pensamento entrar em movimento. Mas para despertar a sua paixão, será preciso ter uma energia ilimitada à sua disposição.

O AMOR É O ALICERCE DE TODO O PROCESSO DE EXPRESSÃO DE SEUS DESEJOS, E A PAIXÃO É O QUE FAZ ESSE PENSAMENTO ENTRAR EM MOVIMENTO.

Quando você está apaixonado por alguma coisa e compartilha esse amor com os outros, a paixão transborda e se irradia ao seu redor. É algo captado e sentido por todos, e seu efeito pode ser surpreendente. A paixão ajuda a trazer o sucesso e a realização. Por mais de uma vez ouvi diretores de empresas dizendo: "Ela era tão apaixonada pelo seu trabalho que lhe dei o contrato". Quando você fala com verdadeira paixão, ela transparece em seu tom de voz, seus gestos e na pura alegria com a qual você fala. É algo real e as pessoas instintivamente compreendem isso. Ou, como alguém já disse: "Para ser bem-sucedido você deve ter 90% de energia e 10% de talento".

Isso não quer dizer que se deva diminuir a importância do talento, mas a pessoa que disse isso sabia muito bem que a energia necessária para se obter sucesso deve ser ilimitada. Talento é um dom, mas você precisa ter um entusiasmo sempre crescente ao longo da vida para poder decolar.

Esse é um mundo muito diferente daquele onde nos perdemos em meio a todas as questões mundanas que, na maioria dos casos, só parecem drenar nossa energia. Mas por que elas possuem esse efeito? Porque não estamos apaixonados por elas. Quando somos aprisionados por nossa lista de "coisas por fazer", perdemos todas as coisas maravilhosas que a vida nos oferece. Quantas vezes você foi convidado para sair e viu-se obrigado a recusar porque tinha que levar o carro para consertar, cuidar das crianças, fazer o cabelo, ir a uma reunião na casa dos pais, fazer relatórios, levar o cachorro para passear, consertar a porta dos fundos ou seja lá o que for?

Isso nos leva de volta à importância de se criar alguns momentos para nós mesmos. Devemos passar um pouco de tempo fazendo aquilo de que realmente gostamos, algo pelo qual nos sentimos apaixonados. Pode ser ir ao cinema, jantar no restaurante favorito, ler um livro. O ponto crucial aqui é que seja algo importante para *você*.

Quando você está apaixonado, sua capacidade de priorizar aumenta e torna-se mais fácil fazer as atividades de manutenção da vida cotidiana, justamente por estar motivado para sair e curtir a vida. Isso também ajuda a dizer "sim" para as coisas que são boas e desprezar as coisas que não são. Ao mesmo tempo que aprende a desfrutar plenamente da vida cotidiana, você se beneficiará muito naturalmente dos muitos pequenos momentos de inspiração que resultam do ato de seguir suas paixões. Isso poderá, por sua vez, aumentar drasticamente a sua energia e dar-lhe uma confiança maior.

Essa mudança é um efeito profundo que está ali, à espera de ser realizado. É um campo sempre em crescimento, composto de entusiasmo, esforço e paixão, sendo que o "esforço" é a automotivação e o "entusiasmo", excitação interna. Assim, ao passo que é preciso um "esforço" para sair da cama de manhã e "entusiasmo" para organizar um evento, associe ambos à "paixão" – que é o amor que impulsiona tudo aquilo que você faz – e, com isso, se criará uma poderosa dinâmica para a vida cotidiana. E quando os três ganharem vida e começarem a cantar em uníssono em todas as coisas que você fizer na vida, ela nunca mais será a mesma.

"Ao passar um tempo anotando minhas paixões pela primeira vez, tomei consciência daquilo que realmente amava e queria fazer em minha vida: hoje eu sei que posso usar isso em minha carreira."
Shelley, dona de bufê, Manchester.

Mas, então, o que é preciso fazer para saber quem é você e tornar-se consciente de tudo que tem a oferecer? Tente o seguinte exercício.

***

Primeiro, pegue papel e caneta, encontre um lugar calmo e confortável, onde não será perturbado, e desligue o telefone.

Sente-se ereto, mas mantenha os pés firmados no chão – isso é importante, pois o ajuda a ficar ligado à terra e, conscientemente, a dirigir sua atenção.

Diga estas palavras para si mesmo: "Eu estou calmo, preparado e pronto". (Você também pode usar essa frase sempre que precisar parar um pouco e relaxar, para se sentir seguro.)

Em seguida, escreva seu nome no topo de uma página, e passe vários minutos pensando sobre seu nome – afinal de contas, esse é você!

Reserve então alguns minutos para pensar sobre suas principais paixões. Quando se sentir pronto, faça uma lista de suas dez maiores paixões, numerando-as de um a dez, sendo a número um a sua maior paixão dentre todas. Não é necessário que sejam coisas que você tenha feito no passado ou que gostaria de fazer se tivesse tempo – são, na verdade, as coisas que você fará quando seu maior desejo se realizar. Por isso, é importante que, quando estiver elaborando sua lista de paixões, não descarte nenhuma por achar que não poderá realisticamente vê-las acontecer. Faça a lista a partir de seu coração, o centro de todas as suas magníficas paixões. Mantenha-se muito ciente de quaisquer momentos de dúvida ou medo enquanto estiver preparando sua lista. Caso passe por alguns desses momentos de "bloqueio", lembre a si mesmo de que isso é apenas seu sistema de crenças dando sinais de vida. Basta simplesmente colocar de lado todas essas vibrações negativas e se concentrar novamente naquilo que o deixa feliz. Pensamentos alegres reforçam seu organismo e até mesmo seu sistema imunológico, e centrar-se neles faz com que seja muito mais fácil ganhar capacidades e equilíbrio maiores, permitindo que seus desejos se tornem realidade.

Suas paixões o elevarão a uma nova forma de compreensão. Para ajudá-lo a aceitar e reconhecer as suas próprias paixões, considere os exemplos a seguir de diferentes tipos de prazer:

PRAZERES FÍSICOS: dança, canto, futebol, natação, caminhar, cozinhar, fazer compras, trabalhar com animais.

PRAZERES MENTAIS: leitura, comunicação, escrita, pintura, negociação, organização, promoção, análise, trabalhar com outras pessoas.

PRAZERES EMOCIONAIS: música, representação, arte, filmes.

PRAZERES ESPIRITUAIS: o pensamento criativo, consciência, felicidade, meditação, relaxamento, oração.

Agora, vamos dar uma olhada em quem você realmente é.

Olhe para a lista de suas dez paixões mais importantes. As três que estiverem listadas no topo são as mais significativas, uma vez que representam seu verdadeiro "eu". São elas que lhe dão satisfação completa e prazer. Elas podem ainda lhe dar um forte impulso na direção do sucesso, seja no trabalho ou em casa. E qualquer que seja o papel que agora venha a escolher na vida, as três paixões sem dúvida devem estar incluídas.

Olhe novamente para as três paixões nos primeiros lugares da lista. Você pode mudá-las de lugar, se quiser. Depois de reconhecer cada uma delas, use-as em sua vida cotidiana e em sua carreira, porque elas fazem a conexão entre seus talentos e o seu verdadeiro propósito.

\*\*\*

É notável possuir esse discernimento! Mantenha a lista por perto, já que as suas paixões conectam diretamente seu papel na vida com você mesmo, com seu verdadeiro propósito de vida e sua presença aqui neste momento.

# 12

## Ponha seus medos sob o microscópio

Ainda que as nossas paixões possam nos emprestar habilidades que mal podemos imaginar, muitas vezes não as aceitamos porque vivemos cheios de medo. Vamos encarar: o medo é uma coisa grande demais para a maioria de nós, especialmente neste momento pelo qual passamos, pois, para onde quer que se olhe, o mundo parece repleto de aflições e muitas pessoas parecem ter a intenção de instilar ainda mais medo dentro de nós. Se considerarmos tudo que vemos nos noticiários e lemos nos jornais o retrato integral daquilo que está acontecendo diariamente no planeta, é praticamente impossível alguém sentir-se positivo o suficiente para levantar da cama de manhã. Por outro lado, se acreditarmos nas campanhas publicitárias e nos anúncios multimilionários, vamos nos convencer de que somos nada sem a mais recente novidade ou que ninguém poderá nos amar se tivermos rugas.

Antes de seguir adiante, é preciso conscientizar-se do que o impede de se tornar tudo aquilo que você realmente é e deseja ser. Uma dessas dificuldades é o medo que se materializa em nossa mente subconsciente e pode nos sabotar de todas as maneiras, a menos que nos conheçamos bem. Costumo chamar essa mente subconsciente de "caixa de ferramentas", porque ela carrega todas as ferramentas necessárias para sobrevivermos em nosso corpo físico. Elas abrangem os nossos instintos, o corpo físico, a motivação sexual, o intelecto, as emoções e a imaginação. Quando usamos qualquer uma dessas áreas da nossa vida sem a consciência do que estamos fazendo, podemos fracassar e, muitas vezes, é desse fracasso que vêm os nossos medos mais profundos. Podemos preencher nossa vida com sexo, porque temos medo de não ser amados ou porque temos medo de nos comprometer de outras maneiras. Nossas emoções podem governar nossas vidas porque nunca paramos para pensar sobre o que estamos fazendo, apenas reagimos. Podemos achar que é impossível fazer as coisas acontecerem para nós porque em nossa avaliação a vida real é algo assustador e preferimos, então, viver em um mundo de fantasia. Precisamos liberar nossos temores, de forma que não continuem a nos impedir de sermos as pessoas completas que ansiamos nos tornar.

Muitas vezes procuramos nos distanciar emocionalmente dos nossos medos. Mas quando os encaramos e trabalhamos, nos colocamos de volta ao assento do motorista, como fez Anthony, um bem-sucedido operador financeiro em Genebra. Quando percebeu que seu maior obstáculo era o medo de altura, Anthony viu como esse temor causava problemas intransponíveis em outras áreas de sua vida, pois afetava a sua capacidade de apreciar as coisas que amava, incluindo viagens. Anthony decidiu enfrentar esse medo e, depois que concluiu *O Desejo*, sentiu-se forte o suficiente para seguir adiante e testar sua recém-descoberta aptidão – ele "conheceu" seu medo. Alguns meses mais tarde, viajou até a "ponte do suicídio", em Zurique. Ele caminhou pela ponte e voltou sem nenhum problema.

Na verdade, é possível que você realmente saiba a verdadeira fonte de seus medos porque ela está adormecida nas suas memórias.

O medo muitas vezes surge nas mais estranhas formas. Ele pode ser desencadeado por qualquer um dos nossos sentidos, até mesmo um cheiro ou sabor, que pode ativar uma lembrança desagradável. Digamos, a título de exemplo, que, quando você era criança, o cachorro do vizinho lhe mordeu enquanto você o acariciava. Ora, essa lembrança virá à tona naturalmente todas as vezes que notar um cão se aproximando, de forma que você desenvolverá um pavor dos cachorros. Lembro-me de que, na primeira escola que frequentei, a comida era realmente horrível e havia uma refeição semanal – a "torta de pastor" (uma camada de purê de batatas, uma de carne de cordeiro moída, outra camada de purê de batatas por cima) – que me fazia sentir mal, mas a gente era obrigado a comer aquilo. Desde então, sempre que eu sinto o cheiro dessa torta, voltam as lembranças ruins dos meus tempos de escola, e propositadamente evito ou apresso o passo pela área de onde esteja vindo o aroma. Seu subconsciente ou "caixa de ferramentas" contém todas as suas memórias, boas, ruins e indiferentes. As lembranças ruins, se não forem resolvidas, transformam-se em seus medos e podem desencadear a insegurança e a dúvida que vão enfraquecer você.

Agora, porém, você pode reconhecer e compreender seus medos. Esse é um dos mais poderosos exercícios que faremos juntos. Ele vai auxiliar o seu fortalecimento de uma maneira bastante concreta e duradoura. Basicamente, depois de identificar todos os seus medos, não haverá mais nada que seja impossível realizar. Em seu discurso de posse, durante o auge da Grande Depressão nos Estados Unidos, em 1933, o presidente Roosevelt lembrou ao povo americano que, apesar dos enormes desafios do desemprego em massa e da pobreza, "... a única coisa que devemos temer é o próprio medo, o terror sem nome, injustificado, que não raciocina, e paralisa os esforços necessários para converter a retirada em avanço".

DEPOIS DE IDENTIFICAR TODOS OS SEUS MEDOS, NÃO HAVERÁ MAIS NADA QUE SEJA IMPOSSÍVEL REALIZAR.

Então como avançar e transformar seus medos em emoção e efervescência? Você deve começar por aceitá-los por aquilo que são, uma experiência do passado sem nenhuma presença na atualidade. Ao reconhecer e compreender isso, você começa a retomar o seu poder, e ao aceitar essa verdade, o seu "eu" verdadeiro imediatamente passa a ter o controle.

Deixe-me explicar melhor. Sua consciência liga você e sua alma à fonte do Universo. Essa é a sua "verdadeira vontade". Nossa verdadeira vontade é "a capacidade de agir ou deixar de agir a qualquer momento". Isso significa que, quando se cria um comando, ele é dirigido para entrar em ação por sua vontade. Então, todo o poder do seu desejo vem do seu comando consciente. A sua "caixa de ferramentas", ou subconsciente, também ajuda, fornecendo-lhe a imaginação para fazer esse desejo em primeiro lugar.

Uma rápida dica: nem todo o medo é ruim. O medo instintivo é construído em nossa psique, sendo uma parte muito importante do ser humano. Ele nos avisa quando o perigo está por perto e nos alerta para reagir "lutando ou fugindo" quando estamos em uma situação de emergência ou sendo atacados. Ele nos deixa mais cautelosos quando estamos na rua sozinhos, tarde da noite, e estranhos se aproximam, ou quando estamos dirigindo um carro em meio a uma tempestade.

\*\*\*

Vamos analisar os medos que atualmente estão em ação em sua vida. Faça uma lista de todos eles. Mantenha um máximo de cinco e numere-os, começando com o número um, que será seu maior medo. Novamente, não entre em uma paralisia de análise com seus pensamentos, apenas escreva seus medos no papel.

Anotar seus medos é significativo porque, no momento em que avaliar sua lista, poderá detectar os elementos em sua vida que o estão detendo. Até agora, os seus medos têm aproveitado cada oportunidade para bloquear seu maior potencial de alcançar o sucesso e a felicidade. Mas, a partir de agora, quem estará no comando é você, começando a tomar decisões conscientes sobre aquilo que deseja colocar em sua vida.

Observe com atenção o que acabou de anotar. Caso tenha listado mais de um medo, poderá descobrir que seus temores estão inter-relacionados. Anthony listou seus medos: "perda de propósito", "humilhação", "isolamento", "vertigens", "perda de controle" e "perfeccionismo". Quando olhou a lista com mais cuidado, acabou percebendo que todos eles giravam em torno do pai dele, um homem perfeccionista que esperava que seu filho fosse tão perfeito quanto ele. Então, já adulto, quando Anthony sentiu que estava perdendo o controle e não possuía um objetivo pessoal na vida, acreditou que tinha falhado. Sua autoestima era praticamente nula. Após trabalhar com *O Desejo*, descobriu onde residiam suas paixões. Sua autoconfiança cresceu aos trancos e barrancos e, com ela, sua autoestima. Ele não precisava mais ser perfeito.

Perceba que o medo é também a ausência de "conhecimento". Reconhecer, aceitar e entender seus medos lhe dá poder sobre eles. Assim que você compreender isso e se apoiar nesse "conhecimento", o medo será corrigido e dissolvido.

(Se você não conseguir se recordar de eventos ocorridos em seus primeiros dias, quando ainda era uma criança, isso pode significar que os acontecimentos envolvidos são de uma vida passada. Sim, isso é possível! Nesses casos, eu aconselho que você busque um psicoterapeuta especializado em regressão e cura de vidas passadas e trabalhe com ele.)

Agora, vamos analisar algumas conexões do medo que podem muito bem estar destruindo sua autoconfiança. Veja se escreveu algumas dessas palavras abaixo em sua lista de medos:

PERDA — COMPROMISSO — ISOLAMENTO — ENCARCERAMENTO — ABANDONO — SUPRESSÃO

Todas são sinais de falta de realização, refletindo uma sensação de solidão interior. Talvez esse seja o medo mais comum, que então aciona um sentimento terrível de pressentimento, de premonição, bloqueando o seu futuro. Carol, por exemplo, sofria um medo contínuo de que acabaria ficando sozinha. Ela nunca parou para analisar de onde vinha esse medo, até que descobriu a lembrança de um período quando sua mãe saiu de casa e a deixou. Carol percebeu que estava recriando seu passado e, dessa forma, levando isso para seu futuro.

POBREZA — FRACASSO — HUMILHAÇÃO — CRÍTICA — FALTA DE REALIZAÇÃO — CULPA — CONFRONTAÇÃO — INSEGURANÇA

Tudo isso nos deixa totalmente indefesos e vulneráveis, e até que possamos construir nossas forças a partir da compreensão do que aconteceu conosco no passado, continuaremos a sofrer. Sue era uma bem-sucedida perita em TI, mas, ainda assim, e de modo aparentemente irracional, temia fracassar e cair na pobreza – até que se lembrou de ter ouvido de sua professora na escola primária que era uma aluna inútil e um verdadeiro fracasso. Essa afirmação continuou enterrada em sua vida, bloqueando-a. Para conseguir superar esses medos, Sue repetiu a seguinte afirmação a si mesma durante duas semanas inteiras: "Eu sou digna, eu amo a mim mesma, e agora estou no comando de minha vida". Agora, ela realmente está.

SAÚDE PRECÁRIA – DOR – DEFICIÊNCIA – LOUCURA – MORTE

Por favor, não pense que você está sozinho, se listou um ou mais desses medos. Poucas são as pessoas que não tiveram uma experiência anterior ligada a um desses temores, geralmente envolvendo um membro da família muito querido ou um amigo muito próximo. Esse tipo de lembrança, mantida no inconsciente, vai enfraquecê-lo mais rapidamente do que a maioria das outras memórias e será prejudicial ao seu sentido de identidade. Jane veio conversar comigo recentemente e contou-me que seu medo número um era a insanidade. O que se descobriu mais tarde é que a mãe dela tinha sofrido de demência e vivido em uma casa de repouso durante anos. Quando Jane compreendeu completamente seu próprio poder e conseguiu dissolver esse medo, passou com sucesso por enormes transformações em sua vida. Espantada, ela começou a viver novamente.

FOGO – ÁGUA – VOAR – ALTURA – ANIMAIS – ATAQUES

É bem mais frequente do que se pensa a lembrança dormente aqui de algum acontecimento desagradável que se sucedeu quando a pessoa ainda era muito nova. Pode ser alguma coisa que você enterrou bem profundamente, sendo tão aterradora que lhe dá calafrios só de pensar. Kate, uma querida amiga minha, contou-me certa vez que tinha um medo terrível de fogo. Ela olhou para trás e parou para pensar um pouco, reservando também suas forças para fazer isso, e lembrou-se de que, quando era muito pequena, queimou as mãos quando as colocou perto demais da lareira. Kate então reviveu a experiência comigo e calmamente reinstalou e alterou o evento com uma maravilhosa sensação de proteção e segurança. Isso funcionou.

Agora que você entende melhor a forma e o significado de seus medos, feche os olhos e pense por um momento em seu medo

número um, o pior de todos eles. Olhe bem dentro de você e traga-
-o à tona de novo. Está tudo bem, você está no comando, você está
seguro. Pense na experiência como se ela fosse um filme de terror
bem curtinho...

Enquanto estiver fazendo isso, respire fundo, solte o ar e então
diga a si mesmo: "Estou seguro, compreendo e libero esse meu
medo para o meu bem". Diga isso três vezes, a fim de implantar
essa afirmação firmemente como um comando. Depois, tome fôlego mais uma vez, solte seu medo e SORRIA. Repita a afirmação
três vezes sempre que sentir a necessidade de fazer isso, porque
ela vai lhe fortalecer e capacitar, transformando qualquer medo
em um sentimento de empolgação. Agora que enfrentou os seus
medos, você já estará sentindo uma força maior dentro de si.

\*\*\*

Aqui vai uma dica brilhante para ajudá-lo sempre que o velho medo tentar escorregar de volta para sua mente. Use as palavras da afirmação acima – "Estou seguro, compreendo e libero
esse meu medo para o meu bem" – e, ao mesmo tempo, estale o
dedo médio e o polegar uma vez. Isso funciona como um "controle remoto" realmente poderoso, que faz desaparecer aquele
medo irritante que vem da sua caixa de ferramentas. Faço isso
toda vez que sinto necessidade, e funciona sempre.

As pessoas muitas vezes me dizem que começaram a sua jornada particular de descoberta por causa de uma crise, e isso
sempre me faz sorrir, porque, de algum modo, parece tão apropriado que a gente "convoque" uma crise pessoal para dentro de
nossa vida. Quero dizer que essa crise foi chamada pela nossa
inteligência da alma, aquela parte de nós que tudo vê, é onis-
ciente, e atrai tudo aquilo de que precisamos para nos tornar-
mos realmente capacitados. Ela nos ajuda a ver os presentes que
recebemos até mesmo nos momentos mais difíceis, para que,

em última análise, nenhuma experiência seja perdida. Há alguns anos, Jan veio trabalhar comigo para cuidar de meus cavalos. Ela era uma pessoa muito sensível e sabia como ninguém cuidar dos animais. Jan foi casada com um marido violento, alcoólatra e abusivo. Vinha orando havia tempos por uma saída daquela situação, mas não tinha coragem de abandoná-lo de uma vez por todas. Um dia, cavalgando nas colinas, Jan cruzou com um homem solitário e seu cachorro. Eles não se falaram, ela apenas passou pelos dois e seguiu em frente. Mais tarde, subitamente, o cavalo dela se assustou e empinou. Jan escorregou para trás, caindo da sela, e o cavalo caiu por cima dela, prendendo-os em uma vala profunda. Jan estava presa sob o cavalo, inconsciente.

Nessa altura, o homem com o cachorro começou a se perguntar por que não podia mais ver aquela mulher que passara galopando por ele um pouco mais cedo. Ele tinha uma visão muito clara das colinas em torno dele, mas não via mais nem a mulher nem o cavalo. Sabendo que ela não poderia ter simplesmente desaparecido, o homem ficou preocupado e voltou pelo caminho para verificar. Encontrou Jan e o cavalo, e pediu ajuda com urgência.

Jan ficou hospitalizado por quase um ano. Aprendeu a caminhar novamente – mesmo depois de os médicos terem dito que ela jamais voltaria a andar. Depois do acidente e dos meses de reabilitação, Jan se recuperou e percebeu como era maravilhoso poder ser ela mesma e tomar suas próprias decisões. Tinha recuperado a sua vida. Jan disse-me mais tarde e com grande prazer que, quando seu marido finalmente apareceu para levá-la para casa, se sentiu tão fortalecida que "disse exatamente o que pensava sobre ele e mandei-lhe para aquele lugar... E não olhei para trás desde então". Saber do que são feitos os seus medos e por que eles assumem papéis tão importantes em sua vida traz a liberdade que vai elevá-lo até seu maior potencial, àquelas alturas vertiginosas em que seus sonhos podem se transformar em desejos que se realizarão.

# 13
## O seu papel único na vida

Agora que você conhece as suas paixões, entende os seus medos e deu-lhes o chute no traseiro que tanto mereciam, vamos descobrir quais são verdadeiramente os seus talentos. Saber onde residem seus verdadeiros talentos faz com que você possa trabalhá-los em sua vida cotidiana, oferecendo a si mesmo a oportunidade de encontrar a completa realização.

Todos somos pessoas únicas e cada um de nós tem um papel especial a desempenhar na vida. No meu caso, é a minha elevada capacidade intuitiva de ver, ouvir e sentir por meio da telepatia para beneficiar com mensagens de esperança todos os que me rodeiam. No entanto, eu lutei contra esse chamado durante anos, acreditando que seria melhor tocar meu próprio negócio e tornar-me uma megaexecutiva! Agora, no entanto, posso dizer que, sim, eu sou extremamente competente naquilo que faço: isso se tornou parte do meu papel especial na vida.

TODOS SOMOS PESSOAS ÚNICAS E CADA UM DE NÓS TEM UM PAPEL ESPECIAL A DESEMPENHAR NA VIDA.

Talvez alguns de vocês estejam perto de reconhecer qual é o seu verdadeiro papel, enquanto outros podem achar que não têm a mínima ideia do que pretendem fazer da vida. Mas quando descobrir que você está no lugar certo e na hora certa – ou, por outro lado, quando souber onde precisa estar para que isso aconteça –, você também pode experimentar a pura diversão advinda de encontrar o seu papel especial na vida, de fazer aquilo que for preciso e englobe tudo que você tem para oferecer quando os seus talentos são adequada e plenamente reconhecidos.

Imagine, por apenas um momento, que você está vivendo, respirando e trabalhando com seu maior talento – e como isso lhe parece. Sua energia aumenta e você se sente mais fortalecido para fazer o trabalho da sua vida. Só que, agora, não é mais como "trabalhar", não é mesmo? Seja você o ajudante de uma loja de roupas, um estilista, jardineiro, caixa de banco ou um médico, quando se concentra e faz aquilo que realmente quer, não se importa mais com que os outros possam pensar, dizer ou esperar de você. Você está feliz.

Então, quando falamos de "talentos", o que queremos dizer? Obviamente, os nossos talentos podem ser muitas coisas, desde possuir uma grande percepção para detalhes ou um jeito especial com as palavras, até a habilidade de se conectar com os animais. Talvez você adore inspirar e motivar as pessoas, ou se compadeça delas quando têm problemas. Você pode ser muito bom para pintar ou desenhar, ou quem sabe seja excelente nos esportes. A lista é interminável, pois abrange todos os dons ou talentos que você sente que possui.

Para descobrir que talentos são esses, tente o exercício a seguir.

\*\*\*

Pegue caneta e papel e encontre um lugar confortável onde possa se sentar e ficar tranquilo. Faça uma lista de seus talentos, as coisas nas quais você sabe que é bom. Liste no máximo dez talentos.

Quando a lista estiver pronta, avalie o que você escreveu e escolha os três talentos principais. Esses três talentos apontam para aquilo que você deveria estar fazendo na vida. Assim que reconhecer e agir sobre os seus maiores talentos, eles se tornarão parte de sua carreira e do trabalho de sua vida, e isso acabará aumentando de forma geral seu bem-estar e sua autoconfiança.

Agora que você identificou seus três principais talentos, volte às suas três paixões mais importantes e faça uma lista com todos os itens dispostos lado a lado.

Reflita sobre essa mistura única de paixões e talentos. Quando começa a absorvê-los, o que isso pode dizer sobre você mesmo? Essa percepção é fundamental, por isso, dedique algum tempo para entender e absorver o conhecimento daquilo que está sendo mostrado a você. Saber onde seus talentos e paixões se encontram é uma forma séria de capacitação, porque permite que você encontre a sua identidade "real", seu verdadeiro propósito para viver e estar aqui neste momento.

***

Sally, por exemplo, teve uma carreira financeiramente bem-sucedida no ramo da publicidade, mas ela sentia que não estava no lugar certo e, como resultado, sua vida parecia vazia. Usando esse exercicio, ela enumerou seus três principais talentos: "organização", "motivação" e "negociação", enquanto suas três principais paixões eram "ajudar os outros", "divertir-se" e "viagens". Depois de pensar sobre seus talentos e paixões, Sally decidiu procurar um emprego no qual pudesse utilizar tanto aquilo em que era boa como aquilo que amava. Seis meses depois, iniciou uma nova carreira como organizadora de eventos internacionais. Adivinhem? Ela adora sua nova função e está usando seus talentos de uma forma muito mais emocionante, gratificante e satisfatória.

Então, vamos dedicar um momento para consolidar tudo aquilo que você já aprendeu sobre si mesmo e sobre seus maravilhosos e únicos poderes. Primeiro, fique em pé, respire fundo, solte o ar e sorria. Agora, repita três vezes: "Meu papel na vida me dá completa autoestima". E não basta apenas dizer essas palavras, você tem que pensar sobre elas, realmente compreender o seu significado.

Repita essa afirmação por dois ou três dias – mais, se for necessário – até que ela seja absorvida completamente. Isso sempre dá certo quando você está alinhado com a sua verdade interior, trazendo naturalmente um grande senso de realização, de poder interior e saber. Congratule-se, porque agora você se tornou totalmente pleno de poderes para alavancar a sua vida.

"Há uma afirmação que eu utilizo regularmente, 'o amor e a confiança alimentam meu campo de energia'. Repito essa afirmação três vezes de manhã e sinto muito mais poder em meu corpo físico. Na verdade, isso me fortalece, meio que transforma alguma coisa, soluciona qualquer dúvida que eu pudesse ter sobre a vida ou sobre quem sou eu."

Richard, diretor de cinema, Londres.

# 14
# O QUE O DNA TEM A VER COM ISSO?

Por meio destas páginas, você está lançando um olhar mais atento sobre quem você é, por isso, é importante ir ao âmago do que ressoa dentro de você fisicamente. Esse é o seu DNA, ou ácido desoxirribonucleico, o diagrama de sua vida.

O DNA é encontrado em todas as coisas vivas. Entre os seres humanos, mais de 99% da sequência de DNA é a mesma. A pequena porcentagem que não é igual é que faz com que cada pessoa seja única – definindo a cor de seu cabelo, sua altura e assim por diante. É por isso que o DNA tornou-se tão importante nas investigações criminais. Estima-se que, se você pudesse "esticar" todo o DNA do seu corpo, ele cobriria a distância da Terra à Lua seis mil vezes. Nossos genes são feitos de pedaços de DNA. Os genes são passados dos pais para os filhos e contêm uma grande quantidade de informações sobre a nossa ancestralidade.

O DNA é um tema muito excitante! Deixem-me contar sobre uma experiência surpreendente realizada pelo Instituto de HeartMath, em Boulder Creek, Califórnia, que eu acredito comprovar as minhas afirmações. Nessa experiência (Modulação da Conformação do DNA por Intenção Focada pelo Coração, 1993), os pesquisadores monitoraram e mediram os efeitos das emoções no DNA da placenta humana, a mais pura forma de DNA existente. A amostra de DNA foi colocada em uma ampola que possibilitava a medição de quaisquer alterações, e essa ampola foi entregue a 28 pesquisadores que haviam sido treinados para gerar emoções fortes.

O experimento descobriu que o DNA realmente mudou sua forma de acordo com os sentimentos dos pesquisadores! Por exemplo, quando os pesquisadores sentiram gratidão, amor e alegria, o DNA respondeu relaxando as suas extremidades, desenrolando-as para ficar mais comprido. Quando os pesquisadores sentiram medo, raiva, frustração e estresse, o DNA se encurtou e ficou mais apertado, por sua vez desligando diversos códigos. Então, se você já se sentiu "desligado" por causa de suas emoções negativas, eis o motivo. Tal fechamento foi revertido de modo simples pelos pesquisadores quando eles demonstraram emoções como gratidão, amor e alegria novamente.

Mas a experiência não parou por aí. O instituto realizou, mais tarde, um experimento de acompanhamento com pacientes HIV positivos. Descobriu-se que os sentimentos de amor, alegria, gratidão e apreço aumentavam a resistência do sistema imunológico em 300 mil vezes. Parece claro a partir disso que, se você mantiver sentimentos de amor, alegria e gratidão em seu coração e em sua vida, estará menos propenso a deixar que o vírus da gripe ou bactérias afetem seu sistema imunológico e possam derrubá-lo.

Portanto, agora sabemos um pouco mais sobre o DNA, mas você pode estar se perguntando: o que o DNA tem a ver com fazermos um desejo? Muita coisa, na verdade. O que acontece é que entender e curar o DNA pode ajudar a restabelecer o seu "verdadeiro" eu e alcançar seu pleno potencial.

Muitas pessoas acreditam ter sido prejudicadas pelos genes transmitidos a elas por seus pais. Veronica, por exemplo, estava convencida de que sofreria do mesmo problema de tireoide da mãe, enquanto

David questionava se morreria de um ataque cardíaco fulminante, do mesmo modo que seu pai e seu avô. Parece familiar a você?

Entender e curar o DNA pode ajudar a restabelecer o seu "verdadeiro" eu e alcançar seu pleno potencial.

Embora seja verdade que algumas doenças são herdadas e que nada substitui o tratamento médico, é possível curar o seu próprio DNA. Vou mostrar-lhe uma técnica maravilhosa que usa o poder do pensamento para harmonizar e realinhar a memória de codificação do seu DNA. Trabalhar em seu DNA pode ajudá-lo a sentir-se mais forte, mais calmo, mais feliz, mais fortalecido e plenamente sintonizado, e isso, por sua vez, vai ajudá-lo a tornar o seu desejo realidade.

Uma das melhores maneiras de trabalhar sobre essa parte fundamental de si mesmo é usar a técnica de visualização seguinte. Não se desespere se não for capaz de visualizar, você pode simplesmente conversar consigo mesmo por todo o exercício – o que realmente importa é a sua intenção de trazer as mudanças necessárias, portanto, fique calmo e firmemente focado em seu DNA que essa técnica vai funcionar para você.

\*\*\*

Procure em um livro ou na Internet a imagem de um DNA. Observe que sua dupla hélice assemelha-se um pouco a duas cobras entrelaçadas. Veja também os "degraus" na dupla hélice, a curva gentil dos fios. É impressionante pensar que você está olhando para os blocos de construção da própria vida. Lembre-se de desligar o celular e fechar todas as portas e janelas, de forma que possa ficar em seu próprio espaço. Agora, relaxe.

Enquanto se permite ficar relaxado, imagine a estrutura do seu DNA. Agora, desenhe-o. Mergulhe em seu desenho. Curta a experiência de desenhar seu próprio DNA. Certifique-se de usar a página toda para fazer isso. Não se preocupe em fazer um desenho perfeito, pois não se trata de desenhar o DNA de forma exata. É apenas a sua forma de descrever o seu DNA. Se quiser adicionar cores, faça isso. Só depende de você.

Respire fundo lentamente e depois deixe o ar sair. Repita isso três vezes, e então diga a si mesmo para relaxar. Feche os olhos e comece a sentir a calma que irradia por seu corpo.

Em seguida, imagine que existe uma tela do tamanho de uma tela de cinema bem à sua frente, com uma moldura azul brilhante em volta dela. Em sua mente, coloque a imagem daquele DNA perfeito nessa tela. Assim que ele estiver colocado na tela, veja os fios se movendo em um movimento líquido e diga: "Este é o meu DNA".

Pense que as fitas do DNA estão se movendo suavemente em um movimento dourado líquido, literalmente ouro líquido. Veja como esse lindo ouro se move ao longo de todas as partes de seu DNA. Diga a si mesmo que esse ouro líquido está agora em seu corpo. Sinta esse ouro curativo permear cada fita de seu DNA, cada átomo, cada fibra de seu ser. Você pode sentir um repentino calor ou um formigamento; também pode se sentir um pouco mais otimista ou um inesperado surto de emoção. Seja qual for a sua resposta, aprecie, pois você fez algo realmente significativo aqui.

Então, diga a si mesmo: "Meu DNA agora está em perfeita ordem. Está curado e tenho uma ótima saúde".

Diga isso três vezes.

Observe como você está sentindo. Então, quando estiver pronto, respire profundamente e exale. Sorria e abra os olhos.

\*\*\*

Essa técnica de visualização poderosa é uma das chaves para o processo de formação do desejo. Usando esse exercício, você pode fazer uma mudança significativa ocorrer em seu corpo e conseguir uma ótima saúde, enquanto limpa as antigas lembranças ressonantes ao mesmo tempo. Talvez alguns de vocês sintam que os resíduos dos males do passado ou de antigos problemas de saúde podem na verdade ser sentidos depois por um curto espaço de tempo. Uma hora após ter completado o exercício do DNA, Dan de repente sentiu a recorrência da dor que ele viveu quando quebrou a perna, ainda criança. Não se preocupe se isso acontecer com você, tudo isso é uma boa notícia, já que seu DNA está literalmente jogando fora os resíduos que causaram feridas dentro de você durante todos esses anos e fazendo uma limpeza completa de uma vez por todas. Basta sentar-se por alguns momentos e dizer essas palavras para si mesmo: "Estou agora em perfeito equilíbrio, eu libero todas as lembranças residuais, eu libero tudo isso para o universo". Repita essa frase três vezes. Respire fundo, e depois expire.

Embora seja provável que você venha a sentir estranhas e novas sensações, ou perceba pensamentos inspiradores entrando em sua mente consciente, é tudo maravilhosamente positivo e faz parte da transformação espiritual que está ocorrendo dentro de si. Você finalmente está começando a tomar conta de sua "caixa de ferramentas" e tornando-se potencializado. Parabéns!

# 15
## Tempo para equilibrar

Um dos aspectos cruciais do processo de expressar seu desejo é colocar-se em equilíbrio. Você já aprendeu sobre a importância do amor e da paixão, sobre a cura de seu DNA e sobre como superar os seus medos a fim de melhorar a sua energia vital. Agora também já sabe como selar sua energia para que ela não escape por todos os cantos. Então, é preciso equilibrar-se de uma forma que seja benéfica, capaz de aumentar a capacidade de atrair mais coisas boas para sua vida.

Esse exercício irá ajudá-lo a encontrar o equilíbrio em todas as áreas de sua vida e fortalecer aquelas nas quais você se encontre mais enfraquecido. Certifique-se de fazer cada passo do exercício antes de seguir adiante.

*\*\*\**

Pegue uma caneta e uma folha de papel e prepare-se para desenhar. Em seguida, e sem perder muito tempo pensando em como fazer, comece a desenhar círculos que representem cada um dos quatro aspectos essenciais da sua vida – mental, físico, emocional e espiritual. Os círculos não precisam ter o mesmo tamanho; você pode desenhá-los grandes ou pequenos, como achar melhor. Por ora, deve haver quatro círculos em sua folha de papel, cada um deles com uma palavra escrita dentro: um círculo físico, outro mental e assim por diante.

Quando terminar de fazer isso, observe seus desenhos. Alguns de vocês poderão achar que os círculos desenhados são todos mais ou menos do mesmo tamanho, e se isso aconteceu, é uma boa notícia, porque já foram equilibradas todas as áreas da sua vida. Entretanto, a maioria de nós vai descobrir que os círculos que desenhamos variam de tamanho. Eu percebi, por exemplo, que as mulheres tendem a desenhar círculos espirituais e emocionais bem maiores do que os dos homens, enquanto eles desenham os círculos mentais e físicos bastante grandes.

Agora, analise qual dos seus círculos ficou menor. Este será o que precisa ser trabalhado, porque atualmente é a sua área mais enfraquecida.

Se for o seu círculo "físico", é provável que seu corpo venha sofrendo constantemente por causa de doenças e lhe esteja faltando energia. Quando Caroline fez esse exercício pela primeira vez, desenhou um círculo físico bem pequeno: naquela época, ela se recuperava de um surto de gripe. Passou então a se alimentar de forma mais saudável e a se cuidar melhor durante algumas poucas semanas, e então fez o exercício novamente. Dessa vez, quando desenhou o círculo físico, ele havia se expandido, pois ela estava se sentindo melhor e mais forte.

Portanto, se descobrir, como Caroline, que sua falta de equilíbrio se deve à fraqueza física, use a seguinte afirmação. Sente-se em algum lugar confortável, relaxe e, com os olhos fechados, repita três vezes: "Amor e confiança alimentam o meu campo de energia". Repita essa afirmação três vezes ao dia durante duas semanas, e você ficará espantado ao perceber como se fortaleceu nesse curto período de tempo.

Se o menor círculo for o "mental", comece a usar mais a sua mente para expandi-la. Por exemplo, pense e até anote novas ideias e novos planos para a sua vida. Sophie era uma mãe que pretendia voltar a trabalhar, mas estava se sentindo perdida e sem nenhuma ideia do que gostaria de fazer. Isso se refletia em seu pequeno círculo "mental". Para resolver esse desequilíbrio, ela passou algum tempo apenas pensando sobre os trabalhos que gostaria de realizar e fez uma lista deles. Logo, começou a se animar com as perspectivas que estava descobrindo, sua autoconfiança cresceu, assim como seu círculo mental, e agora estava apta ao desafio mental de recomeçar sua carreira profissional.

Caso seu círculo "emocional" seja o menor deles, é um sinal de que deve estar ocultando seus sentimentos mais íntimos. Por exemplo, talvez você esteja infeliz com algum aspecto de seu relacionamento, mas, apesar disso, não contou ao seu parceiro como está se sentindo. Talvez exista alguma discussão recorrente em sua família, mas ninguém se mostra disposto a resolver o problema. Seja o que for, como se pode sanar isso? Já está na hora de começar a conversar sobre como você está se sentindo – usando palavras semelhantes a "Meu sentimento sobre isso é..." – e a fazer um esforço real para compartilhar suas emoções com seus amigos mais íntimos e sua família. Você pode também trabalhar na expansão do seu círculo emocional, fazendo coisas que venham a despertar suas paixões e sentimentos, como, por exemplo, assistir a um filme romântico ou ouvir uma canção de amor e perder-se na paixão! Você vai realmente começar a sentir as emoções brotando aí dentro.

Quando seus círculos físico, mental e emocional estiverem em equilíbrio, pode ter certeza de que seu círculo "espiritual" se expandirá natural e automaticamente também. Até mesmo James, um engenheiro obstinado, foi obrigado a admitir que "a sua consciência sobre a alma e outras dimensões" havia começado a florescer quando seus círculos entraram em equilíbrio depois de ter concluído *O Desejo*!

*\*\*\**

Lembre-se de que não se trata de um exercício que se possa fazer apenas uma única vez. Você pode desenhar seus círculos outra vez, e ficará espantado de ver como eles mudaram. O exercício é especialmente útil quando você estiver se sentindo um pouco fora de equilíbrio, já que ele sempre vai lhe dar um instantâneo de como você está no momento. Você descobrirá que, ao ajustar os seus círculos fortalecendo as áreas mais enfraquecidas, um reflexo será provocado tanto na parte exterior quanto na parte interior de sua vida. Você pode fazer esse exercício em quase qualquer lugar, contanto que tenha papel e caneta ou lápis à mão.

Quando seus círculos forem todos do mesmo tamanho, isso será um sinal de que está tudo em equilíbrio, uma vez que todos os elementos em sua vida estão em uma harmonia natural. Desse modo, você se sentirá mais energizado, atraindo muitos amigos com o amor que irradia de você. Parabéns!

Os exercícios que completou até agora lhe dão uma visão mais real de quem você é verdadeiramente e de como sua vida anda nesse momento. Mais do que isso, eles estão ajudando a expandir o seu campo de energia. À medida que seu poder cresce e aumenta, você vai sentir que é capaz de tentar e realizar mais, aumentando a sua motivação e o seu ímpeto de fazer com que desejos se tornem realidade, extraindo deles o seu máximo. E não se trata de algum tempo no distante futuro, acredite em mim, isso já estará acontecendo.

À MEDIDA QUE SEU PODER CRESCE E AUMENTA, VOCÊ VAI SENTIR QUE É CAPAZ DE TENTAR E REALIZAR MAIS, AUMENTANDO A SUA MOTIVAÇÃO E O SEU ÍMPETO DE FAZER COM QUE DESEJOS SE TORNEM REALIDADE, EXTRAINDO DELES O SEU MÁXIMO.

# 16
## Está tudo na mente

À medida que avançamos no sentido de fazer com que os nossos desejos se tornem realidade, devemos prestar muita atenção no poder do pensamento, porque, sem direção, a mente pode nos deixar como um barco à deriva no meio do mar. Se pensar sobre isso, perceberá como nossos pensamentos e atitudes constantemente causam um impacto sobre nós, de muitas maneiras diferentes.

A maioria das pessoas já deve ter ouvido falar do "efeito placebo". Desde a publicação do livro *The Powerful Placebo*, de H. K. Beecher, em 1955, diversos estudos foram conduzidos nos Estados Unidos e em outros lugares nos quais as pessoas eram informadas de que estavam recebendo medicação, mas, na verdade, os comprimidos que tomavam eram feitos de açúcar. Apesar disso, os participantes dos estudos declararam que a medicação realmente havia melhorado sua saúde. Eles achavam que haviam recebido medicação de verdade, e isso mentalmente desencadeou uma resposta física positiva. Essa revelação recebeu o nome de "efeito placebo". Tais estudos mostram que, quando realmente acreditamos que alguma coisa é boa para nós, ela, de fato, se torna benéfica. Com efeito, um grande estudo em 2008 descobriu que os medicamentos psiquiátricos SSRI, supostamente antidepressivos, não eram mais eficazes do que um placebo para o tratamento da depressão. Em decorrência de muitos estudos, agora nós aprendemos que o poder da mente exerce um controle significativo sobre os processos de cura em potencial. Quando cremos em resultados positivos, o nosso corpo é inundado pelas endorfinas, produtos químicos que nos fazem sentir bem e suprimem a dor. Isso significa que podemos induzir a liberação de endorfinas, e exames de ressonância magnética e PET demonstram que isso é possível. O que podemos concluir de tudo isso é que a mente trabalha poderosamente a favor ou contra, dependendo apenas de você acreditar e aceitar o que lhe está sendo dito ou mostrado. Então, precisamos tomar cuidado quando se trata daqueles anúncios da TV sobre cremes antirrugas! Nós regularmente, e inconscientemente, absorvemos tais informações em nosso cérebro e a mente começa a processá-las para nós de forma automática, determinando nosso curso de ação.

Estudos semelhantes também identificaram o que passou a ser conhecido como "efeito Nocebo". Tais estudos investigaram as conexões entre a negatividade e a saúde, e descobriu que a depressão, a dor, a falta de esperança e o desespero podem fazer com que a pessoa mergulhe em uma espiral descendente de inesperada deterioração da saúde. Então, sem dúvida, os nossos pensamentos têm um poderoso efeito sobre nossa vida, para o bem ou para o mal.

O que isso tem a ver com desejos se manifestando? O poder do seu sistema de crenças cria a sua percepção. Aquilo em que acredita é aquilo que você atrai para si, e seus pensamentos detêm o poder de fazer isso acontecer. Por exemplo, recentemente percebi que tinha marcado dois compromissos diferentes para o mesmo horário. Pensei sobre aquele que eu gostaria de cancelar e visualizei isso acontecendo; então, sorri. No dia seguinte, recebi uma chamada telefônica daquela pessoa, pedindo desculpas por ter que cancelar nosso compromisso! Portanto, pode acreditar, os fortes pensamentos, sejam positivos ou negativos, são passíveis de criar um impacto dramático em nossa vida.

AQUILO EM QUE ACREDITA É AQUILO QUE VOCÊ ATRAI PARA SI, E SEUS PENSAMENTOS DETÊM O PODER DE FAZER ISSO ACONTECER.

Um dos pesquisadores mais perceptivos quanto ao poder da sugestão, Stuart Wolf, em "A Farmacologia dos Placebos" (*Journal of Clinical Investigation*, 1950), disse: "Os mecanismos da mente em nosso organismo são capazes de reagir não só para dirigir a estimulação física e química, mas também aos estímulos simbólicos, palavras e acontecimentos que, de alguma forma, adquiriram um significado especial para o indivíduo". Da mesma forma, o Dr. Brian Olshansky, professor de medicina na Universidade de Iowa, declarou em um artigo no jornal *The Times*, intitulado "Pensando-se doente" (25 de agosto de 2007), que a maneira de agir de um médico ao atender seu paciente é crítica, pois "um médico frio e descuidado encoraja um efeito nocebo". Como todos nós somos altamente afetados pelo poder do pensamento, é importante para a sua mente que ela seja totalmente controlada por você, para você. É a única maneira de processar com sucesso as informações que determinam se alguma coisa é boa, ruim ou pode seriamente lhe ser prejudicial.

Assumir o controle de seus pensamentos diariamente vai enriquecê-lo e nutri-lo, fazendo com que seja muito mais fácil que seus desejos se tornem realidade. Lembre-se: a força que existe dentro de você deve ser inflamada, a fim de criar o seu desejo. A energia em si tem que ser construída de forma positiva e fortalecida por um pensamento forte e determinado, e então liberada ao se usar a mente consciente para direcionar seus pensamentos construtivamente – esta é a criação final do *Desejo*.

ASSUMIR O CONTROLE DE SEUS PENSAMENTOS DIARIAMENTE VAI ENRIQUECÊ-LO E NUTRI-LO, FAZENDO COM QUE SEJA MUITO MAIS FÁCIL QUE SEUS DESEJOS SE TORNEM REALIDADE.

# 17
# Vá até o cerne da questão

Agora alcançaremos o cerne da questão. Nessa altura, talvez você já possua um sentido mais completo de quem realmente é e, enquanto contempla sua lista de desejos, terá alcançado um ponto crucial, que levanta as seguintes questões: como faço para saber se o que eu desejo é certo para mim? Como posso ter certeza de que meu desejo fará uma diferença real em minha vida? Como eu sei que esse desejo não terminará trazendo mais do mesmo, ou até fazer com que minha vida seja pior do que é agora?

São questões realmente importantes. Devemos tomar muito cuidado com o que desejamos. A boa notícia é que, quando agimos de forma meticulosa e precisa sobre o que desejamos, os milagres acontecem. Às vezes, porém, os nossos desejos podem não ser exatamente o que esperávamos. Karen, que trabalha na indústria do entretenimento em Los Angeles, disse-me que seu desejo tinha sido que o homem ideal entrasse na vida dela. Dentro de duas semanas, Hans apareceu; ele era perfeito e Karen ficou em êxtase. Ainda assim, seis meses depois o relacionamento acabou, e Karen não conseguia entender o que dera errado e por que seu desejo não tinha funcionado.

Bem, é claro que funcionou, exatamente como ela o havia criado. Karen desejou o homem ideal, e aquele foi de fato o momento perfeito para acontecer o exato relacionamento que a jovem havia "chamado" – mas por um período limitado de tempo, não para a vida toda! Expliquei a Karen que ela havia superado a relação ao fim desse período e, por conseguinte, estava pronta para algo ou alguém muito mais adequado para seu recente avanço como pessoa. Muitas vezes ficamos tão aprisionados imaginando que tudo o que criamos cobrirá o resto de nossa vida que nos esquecemos de que, às vezes, a nossa necessidade é para "agora", não "para sempre".

Então, como vamos saber o que é o melhor para nós? É aqui que o processo de formar seu desejo realmente fica emocionante.

Vou conduzi-lo agora para a parte mais sensacional de sua jornada – a compreensão da ligação entre alma e coração, que então leva ao importante "Teste da Alma". Uma vez aprendida, essa técnica simples e poderosa vai lhe dar a capacidade de saber a resposta de qualquer pergunta, e essas respostas são extraídas da própria sabedoria inata de sua alma e de sua verdade. Esse teste não falha, eu prometo. E a melhor coisa sobre ele é que você pode fazê-lo a qualquer hora e em qualquer lugar.

Vamos começar. Primeiro, é tudo uma questão de ouvir o seu coração. Este não é apenas mais um clichê, é um fato. Por quê? Porque nós não somos nada sem nosso coração. Ele não apenas influencia a nossa vida fisicamente como tem um enorme impacto sobre nós emocional, mental e espiritualmente. É estranho que, mesmo sendo o coração a nossa parte mais importante, não lhe damos a devida atenção. Esperamos que ele continue trabalhando para nós independentemente de qualquer outra coisa que aconteça em nossa vida.

NOSSO CORAÇÃO NÃO APENAS INFLUENCIA A NOSSA VIDA FISICAMENTE COMO TEM UM ENORME IMPACTO SOBRE NÓS EMOCIONAL, MENTAL E ESPIRITUALMENTE.

No entanto, nosso coração nos oferece diariamente todos os tipos de presentes incríveis. Trazem aquele evasivo "fator X" a tudo que fazemos. Quando nos empenhamos ao máximo em nossas relações, nosso trabalho e nossas ideias, o sucesso vem. Somos capazes de levar os outros conosco, de atrair novas pessoas e oportunidades, de nos sentir energizados, satisfeitos e completos. Quando começamos a operar ao nível do coração, temos a sensação de despertar muito real em nosso interior. É como olhar ao redor e ver o mundo pela primeira vez. Nada mais parece normal ou sem importância. Imagine poder experimentar a vida desse jeito durante todo o tempo. Você consegue sentir seu coração bater um pouco mais acelerado apenas ao pensar sobre isso? Se ele não está batendo mais rápido agora, em breve estará.

QUANDO COMEÇAMOS A OPERAR AO NÍVEL DO CORAÇÃO, TEMOS UMA REAL SENSAÇÃO DE DESPERTAR EM NOSSO INTERIOR.

A maneira como nos referimos ao coração em nossa vida cotidiana nos dá inúmeras pistas sobre quão importante ele é. Por exemplo, quando queremos expressar nossa opinião sincera, "falamos do fundo do coração". E, uma vez lá, temos a alegria profunda de conversar de "coração para coração", e experimentamos nossos mais sinceros sentimentos. Além disso, nossos corações "pulam uma batida" quando estamos em choque ou "flutuam" quando estamos animados, nervosos ou inseguros. Isso acontece com todos nós, ainda mais quando vivenciamos os mais profundos e reveladores assuntos do coração.

O coração também identifica-se com a verdade desde tempos imemoriais. Para os egípcios antigos, a forma como alguém se saía na vida após a morte dependia do peso do seu coração contra a pluma de Ma'at (Verdade). Os egípcios acreditavam que cada pessoa era definida por aquilo que havia em seu coração. Ainda hoje, quando você diz alguma coisa com a mão "pousada no coração", espera que os outros acreditem que aquilo que lhes está dizendo vem do fundo de seu coração e, por isso, eles não podem duvidar de você.

Então, se você realmente quer saber qual a finalidade da sua vida e por que sua alma escolheu estar aqui neste momento, terá que ouvir atentamente o seu coração.

Apesar de no começo poder achar um pouco difícil fazer essa conexão, assim que conseguir, a sua capacidade de se conectar com sua alma por meio do coração permanecerá por toda a sua vida e, com a prática, se tornará mais forte ao longo do tempo.

Todos nós já tivemos vislumbres dessa clareza, um "saber interior" que nos conta que estamos tomando as decisões corretas, indo pelo caminho certo – e você tem seu coração para agradecer por isso. Lembro-me de uma ocasião em que meu coração me disse que eu não deveria fazer uma viagem a Paris em um determinado dia. Graças a Deus eu o escutei. O trem quebrou e os passageiros ficaram presos por várias horas.

Há um aspecto mais profundo do coração que é bastante especial. Todos temos uma alma, e nossa alma se une ao nosso corpo físico durante a vida terrena. Eu acredito que a alma se liga ao corpo pelo centro do coração. Escolhi chamar esse ponto de "entrada da alma". Não surpreendentemente, é também a rota de saída da alma quando morremos.

Isso é fundamental, porque a conexão coração/alma é a parte mais essencial, o núcleo de quem somos. Curiosamente, na época das primeiras cirurgias cardíacas, os médicos perceberam que havia uma área que deveriam evitar quando estivessem operando:

parece que, se eles tocassem naquele ponto em particular, o paciente morreria. Acredito que isso tem um significado enorme, pois é o mesmo local onde a alma mantém sua ligação com nossa parte física. Nosso coração está literalmente ligado à nossa alma e, se a conexão for acidentalmente cortada, pode resultar em nossa morte física. Dito de outra maneira, esse é o local crítico, é lá que a profunda sabedoria e o discernimento da alma encontram o corpo, e é por isso que devemos ouvir nosso coração.

A dificuldade para muitos de nós é que vivemos quase continuamente em nossa mente e, por isso, não ouvimos o que nosso coração tenta nos dizer. O coração, basicamente, não nos olha nos olhos para chamar a atenção. Mas não se preocupe. O processo que veremos em breve envolve o restabelecimento da conexão "ao vivo" entre o seu verdadeiro eu e a sua alma, e você faz isso por intermédio do seu coração. Embora essa conexão e o Teste da Alma (que a reinsere) possam à primeira vista parecer algo mágico, são, na verdade, um método muito prático para buscar e receber orientação divina direta. As respostas que receber sempre serão as mais honestas e verdadeiras, assim como são as suas, e podem cobrir praticamente nada e tudo que você deseje ou precise saber em sua vida. Isso porque a sua alma já tem todas as respostas para o seu bem maior. Então, como isso funciona?

Em vez de depender de terceiros para fornecer tudo que desejar, o que é manifestamente injusto e impossível, você aprende a confiar em si mesmo em primeiro lugar, em tudo o que pensa ou faz. Você também vai aprender a não esperar muito de ninguém. Isso, sim, é capacitação, é fortalecimento. Pense um pouco. Quando você deposita a sua confiança em alguém, seja uma pessoa da família, um amigo próximo, um companheiro, um amante, um conhecido ou um colega de trabalho, acabará descobrindo que, de alguma forma e em algum momento, essa pessoa o decepcionou. Você ficará terrivelmente desapontado com isso. No entanto, não é preciso esperar que os outros saibam exatamente o que você precisa o tempo todo, porque é você quem tem a conexão coração/alma.

Aprender a compreender e confiar na conexão coração/alma é uma parte fundamental de sua viagem pela vida, uma lição que se repete novamente e novamente até você descobrir como se conectar à sua alma e manter um maior "conhecimento" de si mesmo – e, por sua vez, dos outros. Você consegue isso aprendendo a ficar dentro de seu próprio campo de capacitação. Essa se tornará a sua segunda natureza: estar no comando e confiar em si mesmo, ou seja, viver como seu verdadeiro "eu". Quando compreender, reconhecer e começar a viver dessa maneira, seu campo de energia começará a se expandir e você se tornará mais intuitivo, estará mais "em sintonia" com seu conhecimento interior. Então, terá em suas mãos outra chave de ouro para a realização pessoal.

Você já deve ter ouvido falar do ditado: "o corpo nunca mente." Bem, isso é verdade, mas só quando há uma comunicação aberta com a sua alma por intermédio de seu corpo físico. Assim que puder fazer isso, você terá a própria Chave do Reino da Vida. Com ela, você poderá acessar tudo que estiver pronto para fazer ou tudo que desejar saber.

Deixe-me explicar um pouco mais detalhadamente de que forma temos acesso à conexão coração/alma. Falo tantas vezes sobre relaxamento, sobre inspirar e expirar e fechar os olhos, porque enquanto nós trabalhamos nossa mágica é necessário manter quieto o corpo físico, o que inclui colocar em repouso a "caixa de ferramentas", obviamente. Só então a mente consciente envia comandos para a sua alma por meio do seu centro do coração sem quaisquer interrupções. Isso também nos permite, naturalmente, deslizar para um estado de perfeição no qual nossas ondas cerebrais formam uma linha entre o alfa e o theta, um nível que chamo de "Código A".

O Código A é, na verdade, uma frequência que corresponde à da Terra, cerca de 7,8 hertz por segundo, e todas as formas de vida no planeta existem nessa frequência. No entanto, para a humanidade, ao longo dos últimos cem anos ou mais, a vida acelerou-se e avançou a um ritmo tal – e continua cada vez mais rápida – que todos nós começamos a gritar mentalmente dentro de nossa mente, estremecendo com as pressões crescentes e sofrendo mais e mais com os sintomas de estresse. Parece-me agora que a maioria das pessoas passa seu tempo de reflexão em uma frequência mais alta e mais rápida, uma frequência dominada por textos, *tweets*, e-mails, aplicativos e toda sorte de comunicações imediatas que as força a viver sempre correndo, sem tempo para se acalmar e passar por momentos serenos, quanto mais para encontrar o Código A, que é a frequência em que você deve estar para se sair bem no Teste da Alma e em seu processo de realizar desejos.

Primeiro, é necessário fazer alguma ligação preliminar com sua alma. Aqui vai um processo simples de relaxamento para criar aquela sensação de calma dentro de você.

*** 

Comece por encontrar um lugar tranquilo onde você possa sentar-se em uma cadeira confortável ou um sofá; alguns de vocês podem achar mais fácil deitar no chão ou em uma cama. Tome medidas para garantir que não seja perturbado, o que significa nada de telefones!

Agora, por alguns instantes, feche os olhos. Ponha as mãos no colo. Inspire profundamente e expire em seguida; repita isso três vezes. Lembre a si mesmo de deixar seus ombros caídos para trás e relaxe. Pense em alguma coisa que o deixe feliz – uma experiência de que tenha gostado ou de que gostaria de desfrutar, como caminhar no parque com alguém que ama ou relaxar naquela praia perfeita.

Quando tiver essa experiência claramente em sua mente, diga as seguintes palavras para si mesmo: "Agora, estou calmo e profundamente relaxado". Inspire mais uma vez e libere o ar enquanto diz a si mesmo: "Estou ficando cada vez mais profundamente relaxado". Com os olhos fechados, concentre todo o seu pensamento por um momento em sua mão direita (ou esquerda, se você for canhoto) e imagine a sensação de tocar em seus dedos. Sinta-a de verdade. Então, inspire profundamente e expire. Coloque essa mão no seu coração.

Coloque a outra mão sobre aquela que já está em seu coração. Não cruze as mãos, basta colocá-las uma sobre a outra. Mantenha-se relaxado e procure concentrar o pensamento sobre a mão que está tocando o seu coração. Concentre-se e focalize todo o poder de seu pensamento, sentindo as batidas do coração com sua mão.

Diga em sua mente: "Agora estou sentindo meu coração". Quando você identificar a sensação de seu coração batendo sob a palma da mão e os dedos, estará então em contato com sua alma. Parabéns! Inspire, solte o ar, sorria – e agora pode abrir os olhos. Com esse procedimento simples, você começou a incrível jornada para se conectar com a parte mais sábia, verdadeira e poderosa de si mesmo. No momento, estamos usando esse exercício simplesmente para relaxar. Você pode fazê-lo antes de dormir, já que será um momento em que naturalmente estará mais à vontade. Como veremos em breve, podemos fazer muito mais, uma vez que entendemos a conexão coração/alma. É emocionante, porque agora você começou a ganhar consciência e capacitação maiores, e logo poderá viver sua vida exatamente do jeito que deseja.

# 18

## Intenção é tudo

A sua intenção, a minha intenção, a intenção do amigo... O que é isso? Lembro-me de minha avó dizendo coisas do tipo: "Ele tinha tão boas intenções, não tinha como saber que sairia pela culatra". Quaisquer que sejam as nossas intenções, elas ainda podem se perder, a menos, é claro, que tenhamos uma compreensão completa de como trabalhar com elas para chegar a um resultado positivo. Isso pode ser feito de forma bem mais fácil quando se está calmo, preparado e organizado, pronto para direcionar o pensamento de comando com fluidez até a sua desejada conclusão. Como diz aquele antigo ditado: "Não é a ação, mas o pensamento por trás da ação".

Certa vez, estava sentada na minha mesa e, mesmo trabalhando, sentia-me bastante relaxada. Pensava em uma amiga muito próxima e, na minha mente, eu a via rindo e conversando comigo sobre uma viagem que planejávamos fazer juntas para a Índia. Ri comigo mesma. Foi um momento fugaz, mas estava concentrada, utilizando puramente o pensamento de intenção. Em minutos, o telefone tocou e era minha amiga, dizendo: "Agora, sobre aquela viagem para a Índia..."

Em outra ocasião, o contrato de locação da casa em que meu marido Andrew e eu vivíamos terminou e tínhamos menos de dois meses para arranjar outro lugar para morar. Temos cachorros e é mais difícil encontrar um lugar que aceite animais. Por meio do meu pensamento-intenção, eu já havia visualizado a casa ideal, mas não tinha colocado restrições sobre onde ficar, apenas acrescentei "que fosse da forma mais divina". Enquanto tentávamos arranjar uma nova residência, Andrew e eu fomos a um casamento e pedi a uma grande amiga, Beverley, para tomar conta dos cachorros por um dia. Ela concordou e disse: "O que mais você quer que eu faça enquanto estiverem fora? Se não houver mais nada, vou ficar entediada!". Então, contei que estávamos procurando uma casa nova, que podia ser pequena, mas seria ótimo se tivesse um quintal para os cachorros, e deixei o resto por conta dela. Andrew e eu voltamos da festa de casamento bem tarde da noite. Beverley nos cumprimentou e disse: "Passei um ótimo dia. Dei uma olhada nos jornais e marquei uma vista para vocês conhecerem uma casa daqui a dois dias. Acho que é o lugar certo para vocês". O lugar que ela havia escolhido de fato era o ideal, e ainda tinha um grande jardim para os nossos cachorros. Mudamo-nos para lá um mês depois.

Isso tudo pode parecer simples para você, mas muitas vezes as grandes verdades são tão simples que a ignoramos. Apenas por ler essas palavras você já está aumentando a sua consciência e a sua compreensão, está pensando sobre as suas experiências de vida e usando o processo de pensamento em expansão. Para praticar o ato de focalizar sua intenção naquilo que realmente deseja na vida, você deve primeiro começar a viver "no agora", não "no amanhã", muito menos "no ontem". O tempo é puramente um conceito criado pelo homem para nos ajudar a planejar, entender onde estamos e sobreviver, mas não é tudo que existe. Você precisa começar a pensar como se cada dia fosse o primeiro de sua vida. Essa é a única maneira pela qual poderá, então, conceber um plano para obter tudo aquilo que desejar.

PARA PRATICAR O ATO DE FOCALIZAR SUA INTENÇÃO NAQUILO QUE REALMENTE DESEJA NA VIDA, VOCÊ DEVE PRIMEIRO COMEÇAR A VIVER "NO AGORA", NÃO "NO AMANHÃ", MUITO MENOS "NO ONTEM".

Até agora, vimos a importância de emitir um comando e, em seguida, dirigir o poder do pensamento-intenção que está em sua mão para sentir o coração, de forma a poder ativar a conexão alma/coração. Mas o poder do seu pensamento-intenção pode ser dirigido de muitas outras formas excitantes para ajudar nas questões cotidianas também. Em meus cursos, costumo pedir regularmente às pessoas que inspirem profundamente quando estiverem realizando os exercícios de pensamento-intenção. O que ocorre é que elas podem ficar tão presas em seus pensamentos e intenções que é fácil até mesmo se esquecerem de respirar! Sempre damos boas risadas quando isso acontece, o que é uma forma incrivelmente benéfica de reduzir as tensões e de trazer um processo de cura mais acelerado a um relaxamento posterior. Depois de definir a sua intenção algumas vezes, você vai descobrir que fica muito mais fácil dar os comandos a si mesmo. Confie na sua própria evidência de como tudo começa a escorregar e entrar divinamente no lugar.

O ponto fundamental é que você deve reconhecer que possui o poder de dirigir seus pensamentos para uma intenção positiva, seja para trazer mais benefícios à sua saúde, construir seu amor-próprio ou criar o resultado perfeito para aquele encontro, aquele compromisso, aquela reunião de negócios ou qualquer coisa que precise fazer. Tudo pode ser mudado pelo pensamento e pela intenção positiva. Como você se sente, o que você faz, quem você deseja ser, quem deseja conhecer... Tudo isso se torna possível quando você se dá o momento de planejar os pensamentos e de dirigi-los de maneira positiva.

TUDO PODE SER MUDADO PELO PENSAMENTO E PELA INTENÇÃO POSITIVA.

Por exemplo, digamos que você adoraria ganhar um gatinho ou até mesmo um novo carro em seu aniversário: crie uma imagem e enxergue a si mesmo recebendo esse presente. Ou então, caso esteja sofrendo de alguma dor, você pode visualizar essa dor e associar uma cor a ela: se for uma dor muito intensa, talvez a veja vermelha, que é a cor que contém o comprimento de onda mais forte e ativo. Agora, visualize essa dor na cor vermelha sendo suavizada e cercada pela luz branca curativa – você verá o vermelho desaparecer quando usar um pensamento-comando que restaura tudo para o perfeito funcionamento. Essa é uma ótima técnica que eu uso e recomendo a clientes e amigos.

Para oferecer uma visão ainda mais clara de como é importante ter uma força de intenção, vou compartilhar o seguinte experimento, que teve lugar no Instituto de HeartMath, na década de 1990. Trata especificamente do pensamento-intenção e das células sanguíneas. Amostras de glóbulos brancos foram tiradas de doadores, que foram transferidos para uma sala enquanto seus glóbulos brancos, individualizados, eram colocados em câmaras de medição adequadas em outra sala no mesmo prédio. Nessa outra sala, quaisquer mudanças elétricas que acontecessem poderiam ser cuidadosamente monitoradas. Os doadores, então, foram sujeitados à estimulação emocional com o uso de vídeos, que variavam de conteúdo e, portanto, geravam reações diversas. Quando os doadores mostravam altos e baixos em suas reações emocionais, medidas eletricamente, as suas células sanguíneas apresentavam respostas idênticas exatamente nos mesmos momentos – os picos e as depressões nos gráficos das células instantaneamente se combinavam com os picos e as depressões dos doadores.

Os testes continuaram, com as células deixadas no mesmo local e os doadores se mudando para outro andar; depois, para dentro do prédio vizinho; em seguida, foram posicionados no quarteirão adjacente e, por fim, a um quilômetro e meio de distância. Os pesquisadores descobriram, e confirmaram com repetidos testes, que mesmo uma distância de 80 quilômetros entre as células e os doadores não fazia diferença nenhuma: as respostas entre ambos continuaram instantâneas e idênticas.

Então, quando você estiver pronto para usar seu propósito e fazer com que alguma coisa aconteça, primeiro dedique um tempo para pensar com cuidado, planejando tudo que deseja alcançar. O poder para fazer isso, isto é, dirigir o seu pensamento de forma positiva, está dentro de você, como as provas em testes científicos mostram agora.

# 19
## O Teste da Alma

"Eu tinha chegado a um ponto em que desejava uma mudança em minha carreira e queria saber se estava indo na direção correta. Fiz o Teste da Alma e ele foi muito revelador. As respostas não foram as que eu esperava, no final das contas. Apesar de não demonstrarem o que eu achava que queria, decidi ouvir o que minha alma estava me dizendo, e agora estou muito feliz em meu novo emprego."
Susan, designer industrial, Sydney.

"Eu faço uso frequente do Teste da Alma. Ele realmente oferece um sentido de direção para que tomemos medidas positivas e façamos alguma coisa, em vez de apenas sentar e esperar por um resultado."
Jenny, gerente de recursos humanos, Londres.

Agora que você já tem sua conexão coração/alma e o conhecimento para usar o poder da intenção, encontra-se absolutamente pronto para o Teste da Alma. Acredito que esse teste seja o avanço mais dinâmico que você poderá alcançar. Assim que você compreender seu incrível potencial de levá-lo à liberdade pessoal, à capacitação e ao fortalecimento, o teste lhe dará a oportunidade de obter o máximo benefício de sua vida a partir de agora.

O Teste da Alma é único. Quando o descobri, fiquei surpresa; quando consegui compreender totalmente o que era aquilo que me estava sendo mostrado, fiquei tão animada que mal pude me conter. Então, comecei a testá-lo exaustivamente, o que significou trabalhar a técnica com o maior número possível de pessoas, para que pudesse examiná-la inteiramente antes de "lançá-la" ao mundo. A técnica funcionou, e continua bem-sucedida.

O Teste da Alma vai ao cerne da escolha daquilo que é certo para você nesta vida. Pode ser usado a qualquer momento e em qualquer lugar, pois é uma técnica extraordinariamente simples e direta, mas que irá responder a qualquer pergunta que fizer.

O TESTE DA ALMA VAI AO CERNE DA ESCOLHA DAQUILO QUE É CERTO PARA VOCÊ NESTA VIDA.

Depois que começar a utilizar o Teste da Alma, você nunca mais deixará de usá-lo, porque ele nunca o desapontará. Melhor de tudo, ele vai conduzi-lo para o seu bem maior. E é isso que faz com que seja uma ferramenta tão fundamental para a vida, especialmente nesses tempos, em que cada vez mais pessoas estão se sentindo perdidas e desesperançadas em meio à incerteza global, com a identidade e os valores individuais progressivamente corroídos e diminuídos. Tudo isso, infelizmente, tem se tornado uma parte cada vez maior de nossa sociedade moderna, com uma mídia sempre faminta e que regularmente nos informa de que há uma guerra aqui ou ali, que as pessoas estão morrendo por causa da fome, que nossos filhos estão obesos, que o desemprego não para de crescer e que o mercado financeiro está em ruínas. Isso sem mencionar as campanhas publicitárias, que nos dizem que só seremos bonitos e nos sentiremos bem depois de comprar determinado produto.

É por essa razão que acreditar em si mesmo, em sua identidade, e conhecer o seu verdadeiro papel aqui na Terra é absolutamente vital para a realização pessoal. E o Teste da Alma ajuda a tornar isso possível.

Jim era diretor de uma empresa de design de interiores extremamente bem-sucedida. Apesar de todo o suposto glamour de sua posição, ele estava seriamente infeliz com sua carreira. Jim sentia-se aprisionado por seu parceiro de negócios, uma pessoa controladora, que não ouvia as ideias e as sugestões criativas de ninguém, e não concordava com o que Jim dizia em relação à melhor forma de promover e desenvolver a empresa internacionalmente. Assim, Jim sentia que o principal problema que enfrentava era sua dificuldade para tomar decisões reais, aquelas que poderiam trazer mudanças positivas. Por meio de *O Desejo*, Jim ganhou uma imensa força interior, reconhecendo e confrontando seus medos e preocupações. Ele tomou a decisão de realizar a "criação planejada" de seu próprio futuro, examinou-a à luz do Teste da Alma e viu que era uma ideia positiva. Cinco meses mais tarde, Jim estava surpreendentemente feliz. Era uma pessoa mudada. Tinha deixado a antiga empresa com uma indenização polpuda e montara seu próprio negócio de decoração de interiores, ao lado de pessoas realmente talentosas.

Agora que você já leu o que o Teste da Alma pôde fazer pelos outros, vamos experimentá-lo.

\*\*\*

Primeiro, pense sobre o que você morre de vontade de saber. Pode ser alguma coisa bem simples para começar, como, por exemplo, descobrir se você deveria comparecer àquele encontro, ir àquela festa, comprar um carro usado ou fazer aquela entrevista de emprego.

A melhor coisa sobre a comunicação direta com sua alma é que ela ajuda a separar o que você pensa que quer daquilo que *realmente* quer, isto é, o que vai de fato satisfazê-lo e, portanto, é absolutamente certo em sua vida. Então, ao fazer o Teste da Alma, use sempre as palavras "Para o meu bem maior" no começo de cada declaração. Isso garante que se obtenha o que é melhor para você. Além disso, isso evita que você desperdice tempo, energia e, em alguns casos, possivelmente uma boa parte de sua vida por estar em algum lugar que não esteja lhe fazendo avançar. Se por acaso deixar essas palavras de lado, você estará efetivamente se preparando para receber a segunda melhor coisa para você.

Depois de decidir o que pretende saber, é hora de preparar uma declaração para que sua alma responda. Use palavras simples e sempre diga "no agora". Seja claro e direto. Você pode escrever sua declaração para garantir que ela seja exatamente aquilo que você deseja saber.

Digamos que você gostaria de saber se deve aceitar aquele emprego na empresa chamada "Fairban". Então, sua declaração pode ser assim: "Para meu bem maior, estou agora trabalhando na Fairban". Observe o uso do tempo presente do verbo, que traz a sua declaração para o agora: é vital que qualquer coisa que deseje saber seja sempre mencionada como se acontecesse no presente, no agora.

Então, se você quiser verificar quanto tempo vai trabalhar na empresa, pode afirmar o seguinte: "Para meu bem maior, estou trabalhando na Fairban por até seis meses". Você pode escolher um período de tempo mais curto ou mais longo, não importa. Às vezes, um emprego é muito bom para nós no curto prazo, mas não para sempre. Em última análise, o tempo como nós o vemos é uma ilusão. Todas as possibilidades residem no *agora*.

Sempre que fizer isso, lembre-se de que deve repetir sua declaração três vezes. Na primeira vez, ela não é completamente registrada; na segunda, é levada a bordo; na terceira, sua declaração incorpora a certeza de que a conexão coração/alma deve responder.

Agora você está pronto para fazer o Teste da Alma por si mesmo. Levante-se com os pés juntos. Se estiver dentro de casa, fique no meio da sala ou do quarto, sem que haja qualquer objeto ou peça de mobiliário perto demais, pois seu corpo poderá se mover e se inclinar para a frente, para trás ou para o lado, dependendo da resposta da alma.

Sinta a emoção brotando dentro de você, mas fique calmo em seu corpo. Inspire, segure o ar e depois o solte. Lembre-se das palavras que você vai usar e, em seguida, feche seus olhos.

Coloque sua mão esquerda sobre a direita (ou vice-versa, se você for canhoto), que deve estar sobre a região do coração. Sempre enuncie a declaração para a alma enquanto estiver com as mãos colocadas na região do coração, porque agora você estará ativando completamente, e usando, a conexão alma/coração que aprendeu anteriormente. Repita sua declaração três vezes. Quando a enunciar pela terceira vez, notará que seu corpo vai se mover em uma direção, mais ou menos como se fosse um pêndulo.

É assim que funciona:

Se o seu corpo começa a cair para a frente, significa "sim" para a sua declaração, ou seja, sua alma apoia o desejo. Para algumas pessoas, pode ocorrer um forte movimento para a frente, mas, independentemente da força do movimento, enquanto você estiver sentindo esse puxão adiante saberá que sua alma está dando seu selo de aprovação. Ou seja, o que você deseja é positivo e será para o seu bem maior.

Se sua alma não apoiar o que você deseja, seu corpo vai ser puxado ou derrubado para trás. Novamente, esse movimento para trás pode ser um tanto intenso para algumas pessoas. Embora possa não ser a resposta que estava procurando, pelo menos você saberá que não deve desperdiçar seu tempo e sua energia nesse empreendimento em particular: ele não vai frutificar, portanto, abra mão da ideia e passe para algo que melhore a sua vida!

Agora, caso seu corpo balance de um lado para o outro, existe uma confusão. Ou seja, não se trata nem de um "não" nem de um "sim". Pode ser que a maneira como você definiu a sua declaração não permitiu a utilização de todo o potencial existente acerca da questão para a qual você busca respostas. Por exemplo, se você quiser saber se vai à festa da Sabrina com Gary naquela data determinada, sua declaração deveria ser: "Para meu bem maior, estou na festa da Sabrina com Gary no dia 28 de maio". Se sua declaração for menos específica sobre Gary, a data e o evento, aquela oscilação estará lhe dizendo que você vai à festa, mas não com Gary, ou que estará com Gary naquela data, mas não na festa! Então, você terá que reformular sua declaração para ter certeza.

Se o seu corpo pender para o lado, será preciso pensar mais um pouco sobre sua declaração, ser mais claro em relação àquilo que deseja e, então, reformular e repensar as palavras e a frase para que o enunciado se encaixe melhor. Mas não se preocupe: quando estiver um pouco mais acostumado à técnica do Teste da Alma, ele se tornará a sua segunda natureza! O segredo é sempre manter as coisas da forma mais simples possível. E se você fez a declaração, mas seu corpo não se moveu de maneira nenhuma? Existem ocasiões nas quais isso ocorre e, na verdade, sua alma está respondendo, mas você não estava sendo realmente incomodado pelo problema. Ou talvez você não estivesse levando as coisas suficientemente a sério!

Vamos tentar algumas outras perguntas para que você possa pegar o jeito do Teste da Alma.

Por exemplo, você pode querer saber se o seu novo amor é a pessoa certa para você. Diga: "Para o meu bem maior, (o nome dele ou dela) é a pessoa perfeita para mim neste momento."

Ou: "Para meu bem maior, estou casado com (o nome dele ou dela) em (data)."

Ou ainda: "Para o meu bem maior, estou em um relacionamento com (o nome dele ou dela) durante dez meses (ou outro período de tempo que você escolher)."

Que tal umas férias dos sonhos, em algum lugar exótico que você sempre quis conhecer? Digamos que você quer ir para Singapura. Você poderia enunciar a sua declaração da seguinte maneira: "Para meu bem maior, estou visitando Singapura no prazo de um ano". Se você receber um "sim" (isto é, seu corpo se moveu para a frente), será possível restringir esse período de tempo para menos meses ou mesmo sugerir um mês naquele ano, por exemplo: "Para meu bem maior, estou visitando Singapura em março deste ano". É possível até mesmo especificar um ano e dizer: "Para meu bem maior, estou visitando Singapura em março de 2014".

Sheryl ficou preocupada quando fez seu Teste da Alma pela primeira vez. Ela havia acabado de entrar em uma nova empresa, que adorava, e, quando preparou sua declaração – "Para meu bem maior, estou trabalhando na empresa X" –, seu corpo foi para trás. Como Sheryl não especificou por quanto tempo trabalhava naquela empresa, a resposta foi "não" – ela não trabalharia lá pelo resto da vida! Sheryl então reelaborou sua declaração para que fosse um pouco mais específica: "Para meu bem maior, estou trabalhando na empresa X por até um ano". Seu corpo se moveu para a frente e Sheryl ficou encantada, além de aliviada. (Antes de se passarem os doze meses, ela estava fora da empresa, em outro emprego ainda melhor!)

Emma é uma americana que vive em Bruxelas. Chefe de produção de um poderoso estúdio de cinema dos Estados Unidos, seu trabalho a leva para todos os lugares do mundo. Ela está continuamente viajando para as maiores cidades da Europa, assim como indo e voltando dos Estados Unidos. Ela vive sua carreira 24 horas por dia, sete dias por semana, e quando a conheci, percebi que nunca se dava um tempo, nem mesmo para cuidar de seu amado cãozinho. Emma tivera diversos relacionamentos que começavam e terminavam rapidamente, e ela queria saber se algum dia encontraria o homem de seus sonhos e manteria um relacionamento duradouro.

Fazer o Teste da Alma revelou-lhe muitas verdades. Não havia dúvida de que Emma era muito boa em seu trabalho, mas ela sentia que toda a sua vida vinha passando rapidamente por ela. Ao focar seu pensamento no relacionamento por que ansiava, em vez de doar todo o seu tempo e energia ao trabalho, Emma acabou descobrindo o que lhe esperava – um relacionamento novo, real e amoroso com "ele". O Teste da Alma até mesmo lhe disse quando eles se encontrariam... E foi assim que realmente aconteceu! Seu único problema agora era conseguir arrumar tempo para que os dois pudessem apreciar e construir seu precioso relacionamento juntos.

Assim que aprender a trabalhar com o Teste da Alma, ele estará lá para quando você precisar dele. Será possível fazer à sua alma qualquer pergunta a qualquer momento, em qualquer lugar. Em outras palavras, o Teste da Alma permite que se descubra qualquer coisa que realmente se desejar saber. Quando temos essa linha direta com a alma, não há mais necessidade de dúvidas ou protelações. Graças a essa técnica muito simples, você ganhará muito mais energia, pois todos aqueles momentos desperdiçados com preocupações desnecessárias terão sido removidos. Agora, será possível seguir em frente e se tornar um indivíduo muito mais seguro de si, alguém carismático, que aumenta continuamente seu campo de energia para a autocapacitação e o verdadeiro "conhecimento".

QUANDO TEMOS ESSA LINHA DIRETA COM A ALMA, NÃO HÁ MAIS NECESSIDADE DE DÚVIDAS OU PROTELAÇÕES.

# 20

## As marés da sincronicidade

*O Desejo* é seu maior sinal de alerta, porque oferece algumas das percepções mais excepcionais para se viver. É um presente, e você vai começar a perceber as diferenças na medida em que cada novo dia lhe trouxer as sincronicidades. A sincronicidade é normalmente encontrada na vida cotidiana, mas em bases pouco frequentes e muito inconsistentes. Agora, porém, você é capaz de conectar os pontos com sucesso por conta de sua maior sensibilização, pois está repleto de energia positiva. Neste momento, você pode sentir um calor interno e desfrutar desse sentimento de amor interior, além de enviar pensamentos de gratidão por todas as oportunidades que surgem em seu caminho.

Um dos segredos do *Desejo* é reconhecer o incrível poder da sincronicidade, que possui vida e energia próprias. Quando você conhece a si mesmo e possui plenos poderes para beneficiar positivamente sua vida diária e desfrutar o ato de viver no momento, algo bastante surpreendente ocorre diante de você.

Você vai avaliar que toda essa capacitação traz uma tremendo sentido de excitação quanto ao entendimento interior. Você se sente – e está – mais equilibrado, energizado e no curso. Você acorda de manhã e sua frequência pessoal já começa emitindo sinais positivos. É a sua luz brilhando, uma vez que cada pensamento que energiza começa a funcionar conforme as ocorrências têm lugar, assim como acontece quando você está pensando sobre sua mãe e, no minuto seguinte, ela lhe telefona. Ou de repente você está passando as férias em algum lugar e se lembra de que precisa comprar e enviar um cartão de aniversário para alguém. Vira a esquina e... encontra uma papelaria que vende esses cartões. Talvez esteja tomando café com os amigos e comenta sobre outro amigo que não vê há anos e, de repente, ele se aproxima da mesa de vocês.

Um dos mais deliciosos exemplos sobre isso envolve uma amiga minha que tinha acabado de receber uma conta de luz muito alta e não tinha dinheiro para pagar. Ela liberou um pensamento pedindo ajuda e sentiu que alguma coisa boa aconteceria. Pois bem, dois dias mais tarde recebeu a devolução do imposto de renda... no valor exato para pagar a conta de luz!

QUANDO VOCÊ CONHECE A SI MESMO E POSSUI PLENOS PODERES PARA BENEFICIAR SUA VIDA DIÁRIA E DESFRUTAR O ATO DE VIVER NO MOMENTO, ALGO BASTANTE SURPREENDENTE OCORRE DIANTE DE VOCÊ.

Nathan, um advogado, havia acabado de se mudar para um apartamento em Nova York. Desempacotando suas coisas no novo endereço, percebeu que tinha perdido seu livro favorito. Procurou em todos os lugares, mas não conseguiu encontrar, e ficou muito irritado. Poucos dias depois, Nathan teve que participar de uma reunião em outra parte da cidade e, no caminho para lá, sentiu-se impelido a entrar em um mercado nas proximidades. Dentro da loja, notou um quiosque que vendia livros usados.

Ele se dirigiu até lá e, para sua grande satisfação, viu uma cópia do seu livro favorito à venda. Quando pegou o livro e o abriu para examinar – para seu total espanto –, viu seu nome escrito na página de rosto. Era o livro perdido...

Esses dias mesmo, mais exatamente na semana passada, eu estava conversando com uma nova cliente ao telefone e perguntei como ela havia me encontrado. Pois ela respondeu de uma forma muito prosaica: "Bem, eu estava em uma livraria, um livro subitamente caiu de uma das prateleiras e se abriu no chão... Seu rosto estampado na capa ficou olhando para mim. Então, decidi procurar no Google uma forma de entrar em contato com você".

Aqui está um exemplo de sincronicidade da minha própria vida. Andrew e eu fizemos muitas viagens para a Índia, a fim de nos consultarmos com os leitores Nadi[1], em Nova Délhi. Nessas viagens, nosso grupo costumava ser de nove pessoas, mas, no ano passado, fomos em apenas oito. Enquanto esperávamos por nosso voo no aeroporto, fiquei me perguntando por que tinha acontecido de irmos em oito dessa vez. "Muito estranho", pensei. Andrew foi buscar uma xícara de café e, quando voltou, disse-me todo entusiasmado: "Você não vai adivinhar quem eu acabei de encontrar!". Era Simon, um grande amigo nosso que não víamos havia meses, e que por acaso estaria no mesmo voo para uma viagem de negócios à Índia. Quando Andrew explicou a ele o motivo de nossa viagem, Simon perguntou se

---

1 Existem na Índia vários sistemas astrológicos antigos, alguns de origem pré-védica e outros com influências de outras civilizações invasoras, como a grega helenística e a muçulmana. Um dos mais interessantes é o chamado Nadi (Dravidiano), que usa folhas de *nadi*. Antes da invenção do papel, os sábios indianos escreviam em folhas de palmeiras (*nadi*), dando origem a uma arte divinatória antiquíssima que surgiu no sul da Índia, no estado de Tamil *Nadu*. Os leitores das folhas de *nadi* acreditam que, há milhares de anos, os sábios tiveram acesso ao banco de dados cósmico e, segundo eles, cada pessoa neste planeta tem sua vida escrita em uma folha de *nadi*. (N. T.)

poderia se juntar a nós, uma vez que sempre tivera vontade de conhecer os Nadi. Ele integrou nosso grupo, que passou a ter nove pessoas de novo!

Todos esses exemplos mostram como podemos nos conectar ao poder da sincronicidade. Por intermédio de nosso foco em ideias novas e apaixonantes, planos pensados e completos, abrimos a mente para o cenário maior e mais amplo. Por sua vez, você calmamente se tornará o ser completo e totalmente competente que realmente é, e um brilho interno de satisfação vai começar a se expandir dentro de si. Sincronicidades passarão a se tornar uma coisa corriqueira ao longo de seu novo e bonito percurso pela vida. E melhor ainda, na medida em que você progride, os momentos milagrosos se tornarão cada vez mais frequentes.

Você CALMAMENTE SE TORNARÁ O SER COMPLETO E TOTALMENTE COMPETENTE QUE REALMENTE É, E UM BRILHO INTERNO DE SATISFAÇÃO COMEÇARÁ A SE EXPANDIR DENTRO DE SI.

À medida que for trabalhando com as percepções fornecidas pelo *Desejo*, você acabará percebendo por si mesmo que agora está no comando de sua vida. Você é o criador do seu próprio destino. Viver a vida com todo o seu potencial tornará seus dias mais harmoniosos e energizantes. Tudo passará a ter um novo significado e a se manifestar no momento certo, da maneira certa.

# 21

## A LUZ DOURADA PARA A AUTORRECUPERAÇÃO

Como vimos, você pode criar qualquer coisa que deseje para o seu bem mais elevado por meio do poder de seus pensamentos dirigidos. Surpreendentemente, porém, você também pode aprender a curar-se de uma forma extraordinária e milagrosa. Não importa do que esteja sofrendo, uma dor qualquer, um resfriado, uma erupção cutânea, dor de cabeça ou alguma coisa mais grave, você pode adicionar ao seu armário de remédios este método, pronto para ser usado quando não estiver se sentindo bem. É importante salientar que não estou, de maneira nenhuma, sugerindo que você não deve consultar o seu médico quando surgir a necessidade, mas recomendo que leia este capítulo apenas para verificar o que pode fazer por si mesmo.

A autocura, ou autorrecuperação, envolve retomar a iniciativa e tornar-se responsável por sua própria saúde. Essa técnica utiliza os pensamentos-comando para alterar os padrões do seu corpo de forma que voltem ao seu "modo de funcionamento saudável". Dentro de si, você tem como fazer isso, e tudo está ligado às suas recém-descobertas capacidades.

A AUTORRECUPERAÇÃO ENVOLVE RETOMAR A INICIATIVA E TOR-NAR-SE RESPONSÁVEL POR SUA PRÓPRIA SAÚDE.

Escrevi em um capítulo anterior a respeito do DNA e o poder da visualização da cura de nosso DNA. Esse método de autocura é possível porque trabalhamos seus comandos com uma técnica de visualização semelhante, acoplando-a a um profundo sentido de sentimento do corpo. Sim, simples assim, ainda que seja um método extremamente poderoso que uso pessoalmente todas as vezes que sinto precisar, e para mim ele sempre trabalhou com uma rapidez surpreendente. Isso acontece porque acredito que tudo é possível e que nossos pensamentos-comando conseguem tudo aquilo que desejamos.

A técnica a seguir oferece a oportunidade de dar ao seu sistema de crenças o tempo de que ele necessita para aceitar o milagre que pode acontecer – e que acontece.

\*\*\*

Sempre que a necessidade surgir, deite-se no chão, em algum lugar tranquilo. Feche os olhos, procure relaxar, inspire e expire algumas vezes. Diga a si mesmo: "Estou profundamente relaxado agora". Repita essa frase três vezes, sem pressa.

Concentre o seu pensamento sobre a área específica do seu corpo que requer a cura. Agora, adicione o comando em palavras, para o desconforto deixá-lo, como no seguinte exemplo.

Estes são os três componentes essenciais:

Primeiro, visualize a zona ou área em seu corpo onde esteja localizada a dor, o desconforto, o machucado ou seja lá o que for. Em seguida, veja essa região sendo curada e mantenha essa imagem na mente até que a parte lesionada esteja totalmente curada e parecendo saudável novamente. Ao mesmo tempo, utilize essas palavras de comando, repetindo para si mesmo na segunda pessoa: "Agora você está funcionando em perfeita saúde, totalmente energizado em harmonia e equilíbrio". Trata-se de um pensamento de comando, assim seu corpo sabe que tal coisa está acontecendo agora.

Em segundo lugar, dê o mesmo comando, mas agora adicionando duas datas específicas no futuro (digamos, uma data no mês que vem e outra daqui a três meses), e visualize esses eventos com o seu corpo perfeitamente curado em cada data. Por exemplo: "É dia 1º de março e agora você está funcionando em perfeita saúde, totalmente energizado em harmonia e equilíbrio".

Finalmente, use suas emoções e procure a sensação de perfeita saúde dentro de você. Sinta o amor e a alegria. Inspire e expire algumas vezes e, então, sinta a diferença.

\*\*\*

Lembre-se também da experiência com as células brancas do sangue e do que os doadores conseguiram alcançar sem perceber. Você pode alterar as células do seu corpo tão instantaneamente e de forma tão eficaz como eles fizeram, mesmo estando a quilômetros de distância na ocasião.

Seu pensamento-intenção pode exercer um poderoso efeito sobre o corpo físico, assim como faz em seus desejos mentais, espirituais e emocionais.

# 22

## Desenvolva o seu sentido de conhecimento

Todos nós já presenciamos pessoas falando sobre terem tido uma "intuição pura" ou um "palpite". Algumas podem até dizer coisas como: "Não entendo como eu sei isso, mas eu sei!". Quem sabe você mesmo tenha tido uma "sensação" de que havia alguma coisa errada, ou sabia de alguma coisa "lá no fundo". Mas, na verdade, o que tudo isso quer dizer? São respostas intuitivas, semelhantes a reações instintivas do tipo bater ou correr, enfrentar ou fugir, sempre frente ao perigo ou a uma ameaça. Essa resposta intuitiva vem do nosso plexo solar, causando sensações tanto de excitação quanto de pressentimento dentro de nós. Quando você age por instinto, ele irá beneficiá-lo. Isso acontece porque, quando você dá ouvidos à sua intuição pura ou tem um palpite, está confiando total e completamente em seu "eu", no seu conhecimento interior. Quanto mais ouvir seu sentido de onisciência e de conhecimento, mais ele lhe dará o impulso necessário para acompanhar seus instintos.

Seu instinto é uma força poderosa, sem dúvida, para ajudá-lo a tomar as decisões corretas em tudo que fizer e disser, em tudo o que acontecer ao seu redor a partir deste momento. Com todas as percepções do *Desejo*, em breve você terá um maravilhoso "sentido de conhecimento" entrando em ação. Isso acontece quando você se torna plenamente consciente de si mesmo e do mundo ao seu redor: haverá fortes sinais internos dos quais, muito rapidamente, você aprenderá a tomar conhecimento e, então, saberá como agir.

Aqui está um exemplo muito comum. Alguns anos atrás, minha irmã gêmea Engie fazia planos de férias com uma amiga e viu que podia escolher entre duas datas para seu voo. Minha irmã experimentou uma terrível sensação de mau presságio sobre a primeira data – e devo acrescentar que lhe dei todo o meu apoio em relação a isso. Então, as duas escolheram a segunda data, exatamente uma semana mais tarde, e fizeram a reserva. O avião da primeira data caiu e todos a bordo morreram.

Em outra ocasião, eu recebi uma revista e, enquanto a folheava, parei em algo que nunca chama minha atenção – o anúncio de uma promoção. O problema é que, dessa vez, meus olhos foram atraídos para o anúncio e, ao mesmo tempo, houve uma poderosa sensação de "saber" que eu ganharia aquela promoção. Então, preenchi o formulário, enviei-o imediatamente e prontamente esqueci tudo sobre aquilo. E não é que, três meses mais tarde, fui contatada pelos organizadores por meio de uma enorme carta de "parabéns"? Eu tinha ganhado a promoção!

Por isso, nunca descarte essa poderosa conexão alma/coração que só lhe beneficia e que agora alimenta e nutre a sua vida. É isso que lhe permite saber muito mais do que antes, quando você se sentia fechado pelo medo, pelo estresse e pela exaustão. Essa nova capacidade de ler as pessoas e as situações como elas realmente são é uma qualidade muito valiosa.

Nunca descarte essa poderosa conexão alma/coração que só lhe beneficia e que agora alimenta e nutre a sua vida.

Não são apenas os sentimentos gerais e suas impressões que receberão um impulso: sua conexão alma/coração ficará mais aguçada e animará seus cinco sentidos. Você vai descobrir que desenvolveu um sentido mais agudo de visão, audição, tato, olfato e paladar, e isso trará melhorarias a tudo que você faz, enquanto expande sua consciência completa em relação à vida, aos amigos, familiares e a tudo o que acontece ao seu redor.

Então, vamos olhar para o que significa esse "sentido de conhecimento". De certa forma, ele se torna um diapasão; enquanto ocorrem essas alterações e elas tomam lugar, você se torna mais "sensível" e entra em sintonia com o seu entorno e com o resto de sua vida também.

Ainda mais surpreendente é o seu sexto sentido. Sua intuição, naturalmente, se tornará mais ativa e vai lhe oferecer a capacidade de "ver" com seu olho da mente, isto é, com uma visão interior momentânea. Alguém pode falar com você sobre o seu pai doente e, de repente, você recebe uma imagem dele ou talvez sinta dentro de si o que ele estiver sentindo, "captando" a energia dele. São provas de seus poderes crescentes, que podem tornar-se uma ajuda ao longo da vida e auxiliar todos ao seu redor. Se você assim o desejar, esses poderes vão permitir-lhe estar a serviço dos outros de uma forma divinamente benéfica. Em síntese, seu sexto sentido só irá melhorar à medida que avançar para completar o desejo. Pode parecer muito sutil à primeira vista, mas, com o uso constante, sua fé e o contínuo cultivo dessa habilidade, também vai tornar-se uma segunda natureza para você.

Cada passo é um sinal de alerta para a sua consciência, pois afeta a sua capacidade de ler situações, de reconhecer o que é bom para você e assim expandir os seus poderes. Como bônus, virá uma apreciação mais elevada do mundo natural também. Portanto, não importa o que você fizer junto à natureza – passar uma tarde no jardim, passear no parque ou dar uma caminhada nas montanhas –, tudo será muito mais agradável enquanto você mergulha na pura sensação da experiência, bem como saboreia o enorme impacto positivo que a natureza tão generosamente oferece por meio de sua energia poderosa e contínua quando ela é sentida e absorvida.

A partir de agora, sua alma vai mantê-lo em estreito contato com seus sentimentos e irradiar amor de seu coração. Você vai começar a perceber que os amigos e os estranhos sentem o seu calor e são atraídos por você. Com suas emoções elevadas, você saberá se deve confiar neles ou não, cortesia das sensações que recebe em seu plexo solar, quando o seu conhecimento interior entra em jogo para seu benefício.

E, na medida em que reconhece esses sinais com frequência cada vez maior, eles confirmarão sua sabedoria interior em relação ao que você estiver fazendo, ao lugar para onde está indo, sobre as pessoas com quem anda ou seu envolvimento em alguma situação que poderá ser problemática. Quando você age no sentido de saber e conhecimento, melhora seu verdadeiro potencial em mil vezes.

Tudo isso é possível porque o seu corpo responde a cada evento que ocorre. É como um transmissor e um receptor. Então, quando você se torna capaz de reconhecer e entender as mensagens que seu corpo recebe por intermédio de suas próprias "sensações" intuitivas, isso será um enorme benefício em muitas das decisões que precisa tomar em sua vida cotidiana.

QUANDO VOCÊ AGE NO SENTIDO DE SABER E CONHECIMENTO, MELHORA SEU VERDADEIRO POTENCIAL EM MIL VEZES.

Quando entender como seu conhecimento interior pode ajudá-lo a recuperar o controle de sua vida por meio da identificação daquelas coisas que realmente são boas para você, chegará a uma posição muito melhor para comandar qualquer coisa e tudo que desejar. Adicione a isso sua nova habilidade de fazer o Teste da Alma para então verificar se aquilo que deseja é absolutamente certo para você e para o seu bem maior. A partir daí, você passará a enxergar como todos esses recursos são realmente fortalecedores quando utilizados em conjunto.

# 23
## AFIE SUA MEMÓRIA

Com que frequência você se esquece das coisas? Somos especialmente suscetíveis a esquecer das coisas quando estamos apressados ou muito ocupados. Hoje em dia, é muito fácil nos atolarmos com todo o agito em torno de SMS, *tweets*, e-mails etc. Essas coisas acabam exigindo quase toda a nossa atenção. Chega-se a um ponto em que não dá mais para pensar nas coisas de forma direta e, portanto, é muito fácil esquecer daquilo que, em tese, precisamos nos lembrar. Então, acabamos desperdiçando uma energia preciosa tentando lembrar ou cobrir as rachaduras.

Anteriormente, vimos como todas as suas lembranças são mantidas em uma caixa de ferramentas, que é o lado subconsciente do seu cérebro. Quando sua caixa de ferramentas fica cheia, as lembranças vão se misturando, e torna-se mentalmente muito difícil encontrar em um instante aquilo que se está procurando. A vida se torna uma confusão e acabamos dizendo coisas do tipo: "Preciso de um tempo, não estou conseguindo pensar direito" ou "Do que era mesmo que eu precisava me lembrar?".

Depois, há aqueles momentos terríveis. Por exemplo, imagine que você compareceu a um casamento e um conhecido aproximou-se, esperando que você o apresentasse aos demais convidados.

Só que você simplesmente não consegue se lembrar do nome dele! Pode acontecer também, subitamente despontar em você aquela sensação de ter se esquecido do aniversário de uma pessoa íntima, da senha do computador, de uma informação importante de que precisaria para um exame...

Se você sofre com esses lapsos de memória, assim como muitos de nós, é possível treinar a si mesmo para lembrar-se das coisas, e isso pode ser feito por meio do poder da mente. Assim que vir ou ouvir alguma coisa que não pode ser esquecida, pare por um instante e use a técnica a seguir.

\*\*\*

Junte os dedos e os polegares ao nível do estômago, bem afastados do corpo, à sua frente, apontando para fora do estômago. Então, repita três vezes, em sua mente ou em voz alta, o que deseja lembrar, inspire e, ao expirar, solte as mãos. Agora você está pronto.

Se por acaso você deseja guardar da data de aniversário de alguém para lembrá-la mais tarde, diga o nome da pessoa e a data três vezes (por exemplo, "O aniversário da Marylin é no dia 12 de março"). Já se for um nome, digamos que seja o de John Benny, repita "John Benny" três vezes.

Mais tarde, logo que você precisar se lembrar do nome, da data de aniversário ou do que quer que seja, basta colocar suas mãos juntas da mesma forma como fez antes, inspirar e expirar. Dentro de alguns segundos sua memória vai lhe trazer tudo o que você precisa relembrar.

\*\*\*

Stuart me contou que usa essa técnica antes de qualquer reunião importante de vendas. Ele olha para o nome das pessoas que estarão presentes e segue o método passo a passo, dizendo cada um dos nomes para si mesmo por três vezes. Então, vai para a reunião com grande confiança, abordando cada um dos presentes pelo nome. Todos ficam muito impressionados! Stuart já consegue se lembrar de até dez nomes de cada vez.

Essa dica para afiar a memória é especialmente fantástica quando você tem um horário de trabalho muito apertado, mas também pode ser utilizada para restabelecer sentimentos e experiências positivas. Enquanto você estiver fazendo *O Desejo*, por exemplo, pode usá-la para segurar a emoção e a ansiedade dentro de você; basta simplesmente usar estas palavras: "Agora estou pronto para criar na minha vida", para relembrar o fortalecimento sempre que for preciso.

# 24
## Desperte o seu poder

Logo você vai aprender que, para exprimir um desejo, precisa de energia. Todo mundo fala sobre ter energia, embora poucos de nós realmente cheguem a pensar sobre o que nos nutre, à parte a alimentação e a prática de exercícios. É disso que achamos que precisamos para construir nossa resistência e manter nosso corpo físico funcionando. Mas quando lhe falta energia, é porque você está cansado? Ou você está cansado porque lhe falta energia? E que tipo de energia é essa que lhe falta?

A luz do sol é a fonte vital de energia para nossa mente e corpo. É ela que garante a nossa vitalidade, assim como os maiores fatores do "sentir-se bem". Quando você acorda de manhã e o dia está lindo, com o sol brilhando sem nenhuma nuvem no céu azul-claro, isso naturalmente lhe dá um impulso energético maravilhoso. A luz solar é, na verdade, um campo de energia emitido pelo sol que se amplia durante o dia. Esse campo de energia ampliado beneficia o nosso organismo. Assim, mesmo quando o céu está cinzento e coberto de nuvens, ainda estamos recarregados, porque aquele campo de vitalidade preenche o ar e chega até nós.

Essa vitalidade favorece todas as formas de vida na Terra durante as horas do dia em que há luz solar. Há um acúmulo de energia positiva que está em sua plenitude no início da noite, o que torna esse momento perfeito para recarregar as baterias exauridas. Em seguida, o campo de energia se dissipa lentamente e se esgota totalmente à meia-noite. Por isso, é melhor ir para a cama antes da meia-noite se você quiser se beneficiar de uma recarga completa. Outra ótima maneira de conseguir essa recarga é tirar um cochilo vespertino ou no final da tarde durante meia hora, enquanto o campo de energia está em seu máximo.

Tenho uma amiga que sempre despertava nas primeiras horas da manhã e não conseguia mais voltar a dormir. Isso a perturbava de verdade. Eu expliquei que ela não conseguia voltar a dormir depois de acordar porque não havia nenhuma energia restante em seu corpo para reunir, e então ele não conseguia se recarregar apropriadamente. Ela percebeu que seu modo de vida era tão ligado, intenso e com tanta correria que ela esgotava suas baterias e perdia mais energia do que jamais poderia esperar repor em um curto espaço de tempo. Agora, ela mudou seu padrão de sono e tira uma sesta quando chega em casa do trabalho. Embora continue acordando muito cedo todos os dias, não briga mais com isso; ao contrário, ela se levanta da cama e faz alguma coisa de que gosta. Se você tiver problemas semelhantes para dormir, tente montar um novo plano para suas noites e não se desgaste com isso. Pode acreditar, realmente dá certo.

Podemos também ampliar as reservas nas quais recarregamos nossas baterias ao tocar a energia cósmica, a energia que está sempre disponível para nós a partir do universo. Eu sei que se trata de um conceito bastante amplo para compreender, mas, em contrapartida, é uma coisa muito fácil de pôr em prática assim que o processo de funcionamento for aprendido. Há muitos livros e sites que falam sobre o assunto, por isso, não pretendo entrar em muitos detalhes aqui. Resumidamente, no entanto, posso dizer que cada um de nós tem três "corpos": nosso corpo físico, nosso corpo etéreo (às vezes chamado de "duplo etérico") e nosso corpo astral. Embora existam outras zonas da energia dentro de nós, nossos corpos etérico e astral são aqueles sobre os quais quero falar.

O corpo etérico é uma camada de cerca de oito centímetros de espessura que envolve e protege o corpo físico. É uma cópia elástica e prateada de nosso corpo físico, que serve como um envoltório, envolvendo-o e protegendo-o como um escudo. Ele também mantém um registro de qualquer lesão, dano ou trauma que tenha ocorrido ao longo dos anos, tanto internamente quanto externamente. É isso que os místicos conseguem enxergar e ler, é a força motriz do homem: quando você mantém esse escudo etérico energizado, seu corpo físico adquire maior resistência e capacidade de navegar com sucesso até mesmo nos dias mais estressantes.

O corpo astral é um viajante fantasma que desliza para fora do seu corpo físico por um curto espaço de tempo – na maioria dos casos, enquanto dormimos –, viajando por aí livremente e ganhando energia cósmica enquanto faz isso. Alguma vez você já acordou de supetão, após ter adormecido em um trem, um ônibus ou mesmo no sofá da sala? Pois bem, esse fenômeno acontece bastante quando estamos cansados e estressados, e basicamente significa que seu corpo astral se desligou do alinhamento com o corpo físico a fim de buscar o máximo de energia cósmica que puder, rápida e urgentemente. Isso, feito de repente, nos faz sacudir ou dá uma sensação de que estamos caindo quando o corpo astral volta para seu lugar e nos acorda.

Há outro campo, mais sutil, que não podemos nos dar ao luxo de ignorar, aquele que é comumente chamado de "campo áurico" ou aura. O campo áurico irradia-se a partir do corpo físico, desprende a energia da luz e ilustra nosso atual estado mental, físico, emocional e espiritual. É o que frequentemente ouvimos das pessoas sensitivas, quando dizem coisas como: "Ele tem uma aura incrível".

Uma das coisas mais importantes a se notar é que, para alguém ser verdadeiramente energizado, aos três corpos – físico, etérico e astral – deve ser dada a oportunidade de se manterem plenamente nutridos. Isso nos permite permanecer em um estado de equilíbrio e nos dá o entusiasmo e a vivacidade de que precisamos em nossa vida diária. Então, certifique-se de manter completamente abastecidos todos os seus corpos energéticos. Isso vai ajudá-lo a se tornar uma pessoa carismática e com plenos poderes individuais, enquanto, ao mesmo tempo, cria com sucesso tudo aquilo que deseja em todas as áreas de sua vida.

Um amigo que costumava discursar diante de grandes plateias sabia muito bem que precisava acumular e intensificar seu campo energético antes de cada exibição. Ele sempre usou a técnica que vou lhe passar agora: e dava tão certo que esse meu amigo sempre saía, depois das suas apresentações, sentindo-se ainda incrivelmente energizado.

PARA ALGUÉM SER VERDADEIRAMENTE ENERGIZADO, AOS TRÊS CORPOS – FÍSICO, ETÉRICO E ASTRAL – DEVE SER DADA A OPORTUNIDADE DE SE MANTEREM PLENAMENTE NUTRIDOS.

Essa é uma maneira rápida de você se beneficiar das imensas reservas de energia que existem nos muitos e antigos locais cosmicamente alinhados, sem ter que se deslocar fisicamente até eles. Isso é feito usando-se o pensamento de comando, e pode preencher o seu corpo etérico com tanta energia renovada que ela durará semanas. Assim, por mais cansado que esteja se sentindo, você ainda é capaz de reservar alguns momentos para repor totalmente suas reservas de energia a qualquer momento. A maioria de nós já deve ter ouvido falar de Stonehenge, por isso, vamos usar esse local como nosso intensificador de energia. Antes de tudo, procure um lugar tranquilo. Mais uma vez, sem telefones! Você precisará de apenas cerca de cinco minutos para fazer esse exercício. Fique em pé, inspire profundamente, depois expire e feche os olhos. Agora, crie em sua mente uma tela do tamanho de uma tela de cinema, com uma moldura azul brilhante que esteja bem à sua frente. Coloque na tela uma imagem das enormes pedras de Stonehenge sobre a grama. Agora, veja o seu corpo etérico sair e ficar de frente para a tela.

Há uma tempestade com raios ao seu redor na tela – isso ajuda a direcionar seu pensamento para o centro das pedras. Usando um forte pensamento de comando, faça com que um tubo saia do meio das pedras diretamente para o seu plexo solar, abaixo do peito, em seu corpo etérico. Então, observe como o tubo começa a enchê-lo com energia ilimitada, como se estivesse enchendo de gasolina o tanque de combustível de um carro. Veja como a energia é bombeada para dentro. No momento em que sentir que o corpo já está totalmente cheio de energia, feche o tubo e leve seu corpo etérico de volta ao seu corpo físico. Então, feche a tela. Inspire profundamente, expire e sorria. Abra seus olhos. Você acabou de se dar uma grande recarga de energia, que pode durar por algum tempo.

\*\*\*

Então, como se sente? Essa recarga deve fazê-lo sentir-se relaxado e completamente calmo. Você pode fazer esse exercício regularmente, por exemplo, uma vez por semana, ou sempre que sentir que está precisando. É também uma ótima maneira de aumentar a sua energia antes de criar o seu desejo.

# 25
## Construa seus pontos fortes

Nós já realizamos muita coisa até agora em nosso trabalho de criar um "você" mais dinâmico, que tenha energia positiva suficiente para fazer as coisas acontecerem em sua vida. Agora, você vai construir seus pontos fortes criando o seu próprio "círculo de confiança". Esse círculo de confiança é uma energia vital forte e poderosa que o cerca e age como se fosse sua proteção pessoal contra quaisquer influências ou eventos negativos, por exemplo, se alguém perde a paciência no escritório, se a sua sogra gritou com você, se há uma pessoa nervosa no congestionamento de uma grande avenida, se você está no estádio de futebol e estoura uma briga de torcidas e assim por diante.

Ao usar seu recém-reforçado poder do pensamento, você pode criar o mais incrível "círculo de confiança" ao seu redor. Esse é um exercício muito simples e fácil, mas também muito poderoso.

*** 

Em primeiro lugar, pense em alguma coisa que o deixe feliz, uma experiência da qual tenha gostado muito, como o tempo que passou com um amigo ou quando uma coisa muito engraçada aconteceu e você riu até doer a barriga. Assim que esse pensamento estimulante estiver preso firmemente em sua mente, saboreie o momento de forma a poder revivê-lo uma vez mais – essa lembrança feliz irá naturalmente fortalecê-lo, porque você acabou rodeando a si mesmo de boas vibrações.

Agora levante-se, inspire profundamente e expire, abrindo então os olhos. Imagine que seu corpo está cercado por uma série de aros dourados, que formam um giroscópio em movimento que o envolve totalmente. Trata-se de seus próprios círculos de confiança, os mesmo que melhoram a sua vida e reconstroem a energia. Imagine mais uma vez esse maravilhoso giroscópio dourado girando ao seu redor. Mantenha-o firmemente em sua mente. Veja os anéis de ouro continuamente girando e movendo-se sobre e em torno do seu corpo, protegendo-o e encerrando-o dentro de sua lenta rotação.

Diga a si mesmo que esse poderoso giroscópio dourado, seu círculo de confiança, está aqui para você nesse momento. Sinta o poder desses anéis se movendo e saiba que sim, para você, eles são reais. Quando se sentir pronto, diga estas palavras: "A partir deste momento, eu estou totalmente protegido no meu próprio campo de força de energia a partir deste momento".

***

Você pode fazer esse exercício diariamente, sempre que se levantar da cama ou depois de tomar banho. Eu crio os meus anéis de confiança em um par de segundos, de manhã, e depois reabasteço-os sempre que a necessidade surgir – por exemplo, quando vou participar de uma reunião potencialmente difícil.

Você vai notar rapidamente o efeito positivo que o seu círculo de confiança exerce sobre todas as pessoas ao seu redor, e ficará surpreso ao verificar como isso atrai tudo aquilo que é positivo para você, incluindo novos amigos. No entanto, e isso é importante, seus anéis de confiança também podem repelir tudo o que é negativo, por isso, são ótimos para usar quando você estiver viajando, caminhando à noite ou até mesmo quando estiver no meio de uma multidão. Eles sempre fazem maravilhas: você apenas sabe que as pessoas estão sentindo o poder da sua energia, mas ninguém sabe muito bem de onde está vindo!

"Eu me protejo todos os dias, e alimento meu campo de energia mantendo a gratidão, a antecipação e um sentimento de abundância por todos os desejos que fiz e que estou por fazer."
Robert, especialista em TI, Birmingham.

# 26
# Comunicação por pensamento

Como você está descobrindo agora, os pensamentos têm grande poder e há muitas maneiras positivas de usá-los. Uma das coisas mais poderosas que você pode fazer com seu pensamento é comunicar-se com outras pessoas. Não importa se for alguém com quem trabalhe, um amigo ou um parente, um parceiro ou um(a) namorado(a) em potencial com quem gostaria de falar: seu pensamento projetado pode chegar ao destinatário, se você souber como fazer para enviá-lo.

\*\*\*

Pense em alguém com quem precisa entrar em contato agora mesmo. Quando tiver essa pessoa firmemente afixada em sua mente, fique em silêncio por um momento, inspire profundamente e depois expire. Agora, feche os olhos, posicione as mãos juntas à sua frente, como se em oração, com os dedos apontando para cima, um pouco acima de seu peito.

Diga o nome da pessoa mentalmente três vezes. Sinta o brilho interior de sua bem-sucedida "conexão" enquanto faz isso. Pronto, a linha de comunicação com essa pessoa agora está aberta! Então, diga: "(o nome da pessoa), por favor, contacte-me agora".

Repita esse pensamento de comando três vezes, então inspire profundamente, expire, separe as mãos e sorria. Isso é tudo que você precisa fazer!

*\*\**

A resposta pode acontecer rapidamente ou demorar um pouquinho mais – para alguns, apenas poucos minutos depois do contato são necessários para que a pessoa retorne seu "chamado"; para outros, pode demorar algumas horas –, mas assegure-se de que o destinatário de sua mensagem a receba imediatamente. Uma vez recebida, a pessoa chamada vai acabar ouvindo e visualizando sua imagem, mas sempre caberá a ela decidir se deve ou não fazer alguma coisa sobre isso. Dependendo de como essa pessoa se sente em relação a você, ela pode até se esforçar muito para bloquear a sua mensagem, afinal, isso é o livre-arbítrio.

Quando tenho que falar com alguém que conheço, não preciso mais usar o telefone, mandar um e-mail ou uma mensagem de SMS pelo celular – a pessoa sempre responde a esse maravilhoso sistema de enviar e receber mensagens. Fiz uso dele outro dia mesmo, com alguém que não conheço muito bem. Havia sido contactada para dar uma entrevista na TV e, várias semanas depois, ninguém mais tocou no assunto. Então, chamei o nome da pessoa e dentro de meia hora recebi um e-mail dela confirmando a data da entrevista.

Essa forma de enviar mensagens é a ferramenta perfeita para usarmos em nosso mundo agitado, já que todo mundo vive correndo para lá e para cá distraidamente na maior parte do tempo. Embora a internet e os telefones celulares sejam ótimos, essa forma de comunicação permite contornar as eventuais falhas e limitações das novas tecnologias e levá-lo diretamente para a pessoa com quem você deseja entrar em contato, independentemente de onde estiver. Com cada uma dessas técnicas, você está aprendendo progressivamente a trabalhar com êxito o seu poder do pensamento. Com o passar do tempo, vai perceber que a potência desse poder depende inteiramente de sua própria aceitação da força do seu poder pessoal, do nível de sua energia e de seu verdadeiro desejo de usar cada um deles para alcançar os resultados. Você possui a capacidade e a habilidade para fazer isso. Quando se convencer disso, tudo se tornará óbvio e muito mais fácil.

Por outro lado, se você acha que ainda continua preso aos destrutivos monólogos do seu subconsciente (o que não seria uma surpresa, considerando-se o longo tempo que ele exerceu influência sobre você), não se preocupe. Algumas semanas de prática são necessárias antes que você finalmente possa cuidar do seu "Eu" em sua totalidade. Lembre-se: quanto mais usar as técnicas e os processos explicados, maior e mais rápido será o seu fortalecimento. O mais importante é não desistir. Esse momento é parte de sua maior oportunidade de criar o tipo de vida que lhe permitirá florescer e prosperar, portanto, não adie a oportunidade de apreciar a enorme realização pessoal que isso vai lhe trazer.

# 27

## Faça acontecer

Somos afetados diariamente pela necessidade de tomar decisões de todos os tipos. Desde o momento em que acordamos de manhã, as decisões precisam ser tomadas, nem que seja apenas sobre algo prosaico, do tipo: "Será que como torradas ou cereais no café da manhã?". Ou: "Que roupa vou vestir hoje?". Ou ainda: "Qual será o melhor caminho para chegar ao trabalho?". Mas muitas dessas escolhas não são realmente escolhas, já que em geral estamos no piloto automático. Então, já que é assim, deixe-me perguntar: quem está no comando de suas decisões? Você? Pense bem antes de responder, uma vez que já sabe que a caixa de ferramentas em seu subconsciente prefere andar muito feliz por conta própria, sem sofrer qualquer interferência consciente de sua parte. Embora isso possa parecer a situação ideal, já que existem algumas partes de nós que preferem que as coisas continuem como estão, nos esquecemos de que é exatamente isso que nos mantém presos à rotina de nossos velhos padrões, diante das mesmas questões de novo, de novo e de novo. É preciso um esforço constante e consciente para provocar uma mudança positiva em nossa vida, por isso, se você quer se sentir feliz e inspirado quando começar o dia, terá que se esforçar um pouco. Por quê? Porque a luta agora já está sendo travada entre o "verdadeiro você" e o sistema automatizado que faz seu corpo funcionar. Analisemos esse cenário com um pouco mais de profundidade. Quando estamos muito ocupados, temos dificuldade em pensar de forma direta e de permanecer focados. Por exemplo, depois de um longo dia de trabalho, extremamente cansados, só pensamos em nos atirar no sofá. Porém, se alguém telefona de outra parte do mundo, espera que conversemos como se tivéssemos acabado de acordar! Então, o que fazer? Se eu pretendo me mudar do banco do passageiro para o assento do motorista, existem algumas decisões que devem ser tomadas.

Afinal, atendo ao telefone ou não? A primeira coisa a fazer é decidir se tenho reservas de energia suficientes antes mesmo de sequer poder pensar em responder ao telefonema. Às vezes, sei que preciso esperar e dar um tempo a mim mesma para "pensar" sobre a situação antes de atender. Em outras ocasiões, tudo será exatamente o oposto, e são nesses momentos que tenho uma sensação dentro de mim dando-me o "empurrão" positivo e energizado para pegar o aparelho. Essa explosão de energia vem da minha conexão coração/alma, e pelo fato de ela saber o que é melhor para mim naquele momento, dá-me a "autorização" de ir em frente. Se não houver esse empurrão energizado, saberei que a situação não é urgente, que se trata de um assunto que pode ser resolvido em outro momento. E, conforme aprendi em minha longa experiência, você precisa sentir que tem poder energético o suficiente para tomar decisões.

Não faz sentido, porém, manter uma "linha aberta" com sua alma se você não a ouvir, ou se o seu comportamento não economiza e ao mesmo tempo cuida de sua tão importante energia vital. Muitos amigos me contam quanto estão esgotados e como precisam de uma pausa, mas, enquanto me dizem tudo isso, percebo que continuam publicando nas redes sociais, enviando mensagens de texto, atualizando suas páginas no Facebook ou atendendo aos seus celulares. Todas essas interações instantâneas, e em tantos níveis diferentes ao mesmo tempo, só podem ser desgastantes demais, não há dúvida nenhuma, mas também mostram subserviência às ordens dos outros – em outras palavras, são eles que tomam as decisões, não nós.

Você tem que se lembrar de quem está no controle, ou seja, é hora de retomar as rédeas de sua vida. O método a seguir vai ajudá-lo a fazer isso. Ele não é destinado apenas para as grandes decisões, porque assumir o controle das pequenas e mundanas questões da vida cotidiana é algo extremamente fortalecedor, pois nos leva naturalmente para as maiores.

Se você pretende um dia aumentar a sua capacitação pessoal, o processo de tomada de decisão tem que se tornar uma parte corriqueira do seu dia a dia. Caso sinta que tem algum tipo de dificuldade com isso, comece sendo proativo em relação às menores decisões. Quando sentir vontade de tomar uma bebida, por exemplo, levante-se na hora e vá pegá-la. Não se permita adiar isso nem bancar o preguiçoso ou negligente e cair no mesmo velho padrão. O "imediatismo da ação" trará a mudança necessária de comportamento que lhe deixará cada vez mais preparado para tomar as grandes decisões.

Lembre-se: se não tomar decisões, você fica "sem fronteiras", e isso efetivamente significa uma perda contínua de energia. Basicamente, você é como uma peneira, portanto, mesmo que faça atividades físicas e se alimente bem, toda essa boa energia acumulada pode escapar. Existem muitas maneiras pelas quais você pode sentir se está reconstruindo ou se está desperdiçando sua energia. Um cenário que pode lhe dizer isso ocorre quando pergunta o que você gostaria de fazer e sua resposta simples, mas honesta, é "não sei" ou "tanto faz". Esse não saber ou não se importar com o que gostaria de fazer apenas ilustra a sua falta de fortalecimento. Porque, quando se está mais fortalecido, e isso significa sentir-se bem consigo mesmo, a pessoa tem total confiança para responder essa pergunta de forma mais positiva e tomar uma decisão rápida e consciente sobre o que ela realmente adoraria fazer. Quando faz isso, você descobre que todo mundo respeita e aprecia o poder embutido na resposta.

Mas não se preocupe se, neste momento, sentir-se indeciso, porque com a prática tudo se torna muito mais fácil e você verá com mais clareza quem realmente é e o que deseja fazer. Basta saber que você merece. Isso exige esforço, e o esforço faz parte da energia de que você precisa, assim como o entusiasmo, aquela sensação de excitação pela oportunidade que está diante de você. Você está aprendendo a trabalhar com a sua consciência, usando uma força positiva quanto ao seu propósito e à sua vontade real.

Quando se trata de decisões maiores, caso você ainda não tenha muita certeza do que fazer, use o Teste da Alma, sobre o qual falamos no capítulo 19. Lembre-se sempre de dizer aquelas palavras no começo de sua declaração: "Para meu bem maior...". A escolha "certa" sempre lhe dará energia e atrairá oportunidades positivas.

Como já discutimos, existe um conhecimento interior dentro de todos nós, e isso significa que você pode sentir instintivamente quando tem que fazer algo com urgência. Por exemplo, de repente você começa a pensar sobre um amigo querido ou um parente, cuja imagem ou nome desliza para dentro de sua mente em uma onda de pensamentos. Você poderia usar a lógica para interromper ou ignorar tal pensamento, só para descobrir mais tarde que aquela pessoa em quem pensou estava, na verdade, passando por um problema e precisava da sua ajuda. Ou, de outro modo, você pode aceitar essa onda de pensamentos por aquilo que ela é, ou seja, uma mensagem, e ligar para seu amigo ou parente imediatamente. Seguir a intuição é uma decisão extremamente satisfatória, posso assegurar, e é muito mais provável que tanto você quanto seu amigo (ou parente) fiquem assombrados com seu talento inato de ter respondido exatamente no tempo correto e por ter tomado uma atitude tão perfeita.

Quanto mais aceitar essas ondas de pensamento repentinas, mais constantes elas se tornarão, aumentando continuamente seu poder e economizando seu tempo e energia. Tome nota: você estará, então, se tornando um indivíduo fortalecido e intuitivamente talentoso!

QUANTO MAIS ACEITAR ESSAS ONDAS DE PENSAMENTO REPENTINAS, MAIS CONSTANTES ELAS SE TORNARÃO, AUMENTANDO CONTINUAMENTE SEU PODER E ECONOMIZANDO SEU TEMPO E ENERGIA.

***

Caso tenha problemas para tomar uma decisão, eles geralmente se devem à resistência em seu interior. Há tantas decisões que a gente poderia, e deveria, ter tomado... Mas não fizemos assim! Por isso, escolha uma decisão que esteja evitando, mesmo que relacionada a algo pequeno, e que seja agora. Escreva seu dilema em um pedaço de papel e lembre-se de fazer isso de uma forma muito simples.

Talvez seja algo como decidir se deve ou não mudar de casa, mas não sabe ainda o que fazer. Isso geralmente significa que você ou tem medo das mudanças ou pode se achar indigno de uma coisa melhor, ou acha que não tem nem a energia nem a capacidade de encontrar uma casa melhor. Como se pode mudar essa dinâmica? Primeiro, você tem que implantar a crença em si mesmo. Isso pode ser feito usando-se uma poderosa afirmação, que, por sua vez, envia uma forte onda de pensamento para atrair o que você realmente quer – nesse caso, a casa ideal.

Agora, encontre um lugar tranquilo. Fique em pé, inspire profundamente e depois expire, com um sorriso. Coloque as suas mãos, uma sobre a outra, em seu coração e feche os olhos. Então, diga três vezes: "Agora estou me mudando para a casa perfeita para mim neste momento".

Essa afirmação não só altera as percepções que você tem em relação à sua capacidade de conseguir e de se mudar para a casa ideal, como também atrai tudo isso para a sua vida. Ela faz isso ao transmitir a onda de pensamento positivo que confirma sua capacidade de morar em uma casa que é a ideal para você, e essas vibrações podem então atrair a mudança positiva que você está pedindo em sua vida atualmente. Esse método funciona, seja para uma nova casa, um carro, um relacionamento, férias ou questões de negócios. Cada vez que você utilizá-lo, terá mais poder para ir em frente com seu processo de tomar decisões.

\*\*\*

Então, depois de ter feito esse exercício, se você achar que está pronto para a mudança, pode fazer outro Teste da Alma para determinar quando essa nova direção em sua vida provavelmente acontecerá. Por exemplo: "Agora estou pronto para comprar um carro novo dentro de três meses."

Você saberá imediatamente, graças ao Teste da Alma, se está realmente pronto para progredir e avançar neste momento. Confie em sua sabedoria interior. Quando estiver pronto e puder dar esse salto, não haverá mais necessidade de aborrecer os amigos falando sempre sobre as mesmas e velhas dúvidas ou ser obrigado a passar noites em claro por causa disso, uma vez que saberá que o poder do destino está dentro de você.

"Agora, sou muito mais decidida e proativa, quando desejo as coisas, elas realmente acontecem. Como resultado disso, toda a minha vida mudou... Eu sinto que há um desafio lá fora e eu estou animada com isso. Não vejo a hora que aconteça, em vez de apenas me sentir cansada disso."

Jenny, gerente de recursos humanos, Londres.

# 28

## Abundância em todas as coisas

Se você parar para pensar, vai notar que tudo o que vimos até agora refere-se à abundância. É a melhoria da vida, é a capacitação, energização, realização, emoção, inspiração, expansão, ser superprodutivo, divertido, extraordinário – tudo que torna a vida uma experiência incrível e repleta de potencial infinito. Mas o que isso significa, em termos práticos? "Abundância" não é uma palavra usada regularmente. Talvez isso aconteça porque ela está em falta na vida de muita gente, quase como se estivesse tremendamente fora do alcance da maioria das pessoas. No entanto, quando você fecha os olhos e dedica uma reflexão profunda à abundância, pode naturalmente desencadear as mais elaboradas e deliciosas representações em relação a tudo e a qualquer coisa que pense faltar em sua vida. E é nesses momentos que você precisa lembrar-se de que é alguém realmente digno e merecedor de coisas genuinamente boas em sua vida.

Então, vamos falar sobre a abundância verdadeira. Não se trata de adquirir o item de consumo mais recente e moderno, nem de ter centenas de amigos no Facebook ou possuir quantidades obscenas de dinheiro. Estou falando aqui da verdadeira riqueza da vida, do real significado das coisas: boa saúde, felicidade, risos, alegria, sorrisos, boas lembranças, amigos maravilhosos, família amorosa e, mais importante, do amor em tudo que se faz. Sem dúvida, você terá a sua própria lista do que traz sentido e felicidade à sua vida e daquilo que cuida e nutre a sua alma. Assim que sair da trilha que a mídia e os anunciantes querem lhe impor, sua consciência se tornará mais viva e a vida encontrará uma clareza recém-descoberta.

Há muitas atitudes na linha do "eu quero ter o que os outros têm", e com elas chegam também as intermináveis conversas e ansiedades sobre possuir aquela mansão multimilionária, o iate e a Ferrari, como se isso fosse o mais importante da vida. Mas muito pouca atenção é dedicada a se encontrar a riqueza que realmente importa, a espiritualidade, que traz completude para seu bem maior e de todos os demais, e deve ser a aspiração definitiva da vida.

É por isso que o foco na conexão coração/alma é importante, pois eleva tudo o que você traz em sua vida, além de causar impactos positivos sobre você e todos ao seu redor. Com isso, não há nenhum tipo de aspecto negativo. É a inspiração do amor refletida a partir do seu coração e gerada por sua alma, oferecendo-lhe a mais alta vibração de dar e receber em vida.

Você vai logo perceber que esse tipo de abundância, uma vez encontrado, é verdadeiramente "a magia de ser". Assim que puder reconhecer e sentir essa magia mais e mais, garanto que seus sonhos mais intensos começarão a ganhar vida, de maneiras cada vez mais poderosas, que realçam e reforçam sua existência. Tente encontrar e alcançar um desses momentos mágicos a cada novo dia e, com isso, você vai encontrar uma alegria sempre em expansão rapidamente se acumulando dentro de si.

Falamos muito sobre a riqueza, mas nós sabemos realmente o que significa "riqueza" no sentido mais amplo? A riqueza é comumente entendida como grandes quantidades de dinheiro, propriedades, bens ou outras posses de alto valor. Com ela, vêm também quantidades comparáveis de posição, poder e controle, ainda que de forma temporária. No entanto, essa é uma visão muito restrita e limitante. Uma pessoa pode ser rica de muitas outras maneiras. Ela pode ser rica em conhecimento, por exemplo, como são os mestres e professores, ou em experiência, sendo alguém a quem automaticamente pedimos ajuda e orientação. Pode ser rica de amigos, bem-aventurada com companheiros que a respeitam e amam. Você pode criar e desenvolver por si mesmo o potencial de grande riqueza em qualquer uma dessas áreas e em muitas outras.

"Graças ao *Desejo*, agora sei que a abundância é realmente boa para a minha alma e não é algo que pertence a outras pessoas, algo que eu não possa ter por alguma espécie de motivo religioso ou outra razão. Isso me dá alegria, me faz ansiar por ela, e me dá a certeza de que realmente a mereço e vou conseguir."
Richard, diretor de cinema, Londres.

Com o seu conhecimento interior, vêm a sabedoria e a integridade, e seu campo de energia se irradia em todas as direções. Esse é o carisma verdadeiro, quando seu amor se torna ilimitado e você começa a falar com sentimentos genuínos, com a verdadeira percepção, de forma rica e em linha reta com o coração, sem julgamentos, apenas com amor.

No final, a abundância irradia amor. O amor sabe. Dá-nos um calor interno, uma sensação de bem-estar dentro de nós mesmos. O amor se expande em capacitação, consideração, bondade, generosidade, altruísmo, sensibilidade e alegria. A única restrição que temos contra a abundância é aquela que nós mesmos colocamos ou que permitimos ser colocada sobre nós, e isso acontece quando o amor está ausente. Com este livro, você pôde analisar diversos aspectos de sua vida e certamente já percebeu que amar o seu "Eu" deve vir em primeiro lugar.

A verdadeira abundância é alegre e emocionante. Ela causa impacto a todos da maneira mais positiva. Você automaticamente passa a ter acesso a isso quando se torna consciente do poder fenomenal que tem dentro de si, o poder que é mantido e transmitido por seus pensamentos. Portanto, é lógico que, se os seus pensamentos estão continuamente direcionados para a pobreza e a falta, vão acabar criando a experiência de mais pobreza e falta em torno de você. Entretanto, se os pensamentos forem dirigidos para a riqueza e a abundância, é isso que eles trarão para sua vida. Você atrai as coisas para as quais dirige a sua atenção. Não se trata aqui de fixá-la inteiramente sobre a riqueza, mas simplesmente de acreditar que o universo pode fornecer tudo de que você precisa para prosperar, e muito mais, assim que você estiver pronto.

A VERDADEIRA ABUNDÂNCIA É ALEGRE E EMOCIONANTE. ELA CAUSA IMPACTO A TODOS DA MANEIRA MAIS POSITIVA.

Por isso, reúna coragem para refletir sobre sua própria capacidade de ter abundância e anime-se com a perspectiva que isso abre para você. Faça o Teste da Alma para começar a trazer abundância à sua vida, usando a estimulante afirmação para beneficiar a verdade em que você pode agora acreditar: "Para o meu bem mais elevado e maior, eu agora tenho abundância e felicidade na minha vida". Diga isso três vezes. Repita essa afirmação uma vez por dia durante uma semana ou até que possa realmente sentir o poder se acumulando dentro de cada fibra do seu corpo. Sua mudança de atitude, então, se tornará uma verdade incontestável. Então, quando fizer o Teste da Alma novamente, você se verá naturalmente caindo para a frente. E, desse momento em diante, começará a atrair riqueza e dinheiro de novas maneiras, positivas e emocionantes.

# 29

## Dar para receber

Por mais estranho que possa parecer, a abundância não é exatamente uma surpresa inesperada quando se reflete sobre os recursos que já existem neste planeta e que deveriam estar "livremente" disponíveis para toda a humanidade. Refiro-me aos alimentos, luz, energia, água, abrigo, enfim, a tudo que é realmente básico para a vida humana. Mas séculos se passaram e ao longo de praticamente todo esse tempo, os "têm" governaram e os "não têm" tiveram que aceitar a servidão, vivendo na mais desigual e desarmônica das maneiras. Assim, milhões de pessoas continuam a morrer de fome, enquanto montanhas de comida são deixadas para apodrecer. Todos nós damos uma importância exacerbada à riqueza hoje em dia, mas ela nada mais é do que pobreza disfarçada. As pessoas ricas têm tudo, ou aparentam ter tudo, mas às vezes vivem como se não tivessem nada. Elas podem conhecer o preço de tudo, mas não sabem seu valor. Você já deve ter ouvido a expressão: "Não há nada mais cruel do que um homem rico". Talvez até conheça alguém que se encaixe nessa descrição. Infelizmente, existem muitas pessoas que vão aos confins da Terra para manter o que já acumularam em termos de dinheiro, bens, poder e posição, e mesmo que alguns possam ter ganhado fortunas verdadeiramente gigantescas, eles só usam uma pequena porcentagem dela de formas filantrópicas. Um exemplo infame é o de Paul Getty, bilionário que morreu em 1976. Getty instalou uma cabine telefônica no saguão de entrada de sua casa. Seus convidados, se quisessem telefonar para alguém, tinham de usar essa cabine e pagar por suas chamadas.

Mas como a abundância que *O Desejo* oferece começa a mudar tudo isso? Como podemos virar o jogo? Em seu estado de completude, quando está cheio de amor e se tornou capaz de cuidar de si mesmo, você experimenta uma contínua realização em tudo que faz. Trata-se realmente de um local sagrado e, quando nos encontramos nele, não é difícil sermos pessoas generosas a serviço dos outros. O que você descobre, então, é que isso magicamente aumenta o seu próprio bem-estar. Não será mais preciso viver pelos outros, porque você estará vivendo na unicidade da própria vida. Como resultado, seus horizontes se ampliam e o universo fica a seu alcance, por conta de tudo que você traz ao mundo. Em última análise, esse é o amor incondicional – cuidar e compartilhar, com empatia e compreensão.

A primeira coisa que você notará é que pessoas que você conhece e costuma encontrar passarão a tratá-lo de forma diferente; algumas não vão reagir da forma como costumavam fazer, enquanto outras passarão a olhar para você de uma forma estranha ou perguntar o que você andou fazendo, por que mudou. Também haverá comentários sobre como você está bem. Porém, mais importante do que tudo isso, você vai descobrir que atrai surpresas agradáveis, como convites e presentes. Pessoas que nunca viu virão conversar com você, sentido que estão diante de alguém seguro, acessível e positivo.

Então, você realmente tem que se sentir bem consigo mesmo, conhecer quem você é e saber qual seu papel na vida – e começar a viver tudo isso ao máximo. Quando alcançar esse lugar, será como estar no centro do universo. Você terá a autoridade pessoal para pedir o que precisar, porque você sabe quem é, tem certeza de si mesmo e do que quer e não se vê mais influenciado pelos jogos manipuladores dos outros. Por enquanto, você tem o que muitos anseiam – o poder e o discernimento de fazer tudo o que puder fazer –, e isso significa que nunca entrega ou desperdiça seu verdadeiro "eu". Em vez disso, você pode ficar no que eu chamo de modo "observador", sem apegar-se ou julgar, com um limite saudável em torno de sua força vital, uma linha dourada entre você e os outros. Sua energia deve ser protegida, nutrida e utilizada com sabedoria, além de compartilhar e distribuir infinito amor e generosidade de espírito a todos e tudo ao seu redor.

Para ajudá-lo a entrar na plena abundância de dar e receber, vamos olhar para o que ainda pode estar lhe segurando. Quando falamos em abundância, não nos referimos à ganância, porque a ganância nunca é para o seu bem maior, ela só pode trazer vazio e infelicidade. A ganância é um desejo que dá errado quando não se vê controlado por sua vontade, e torna-se uma das mais negativas forças motrizes na vida. A ganância é ativa; ela cria um vácuo dentro de você que sempre exige o preenchimento, um desejo incessante de ter mais e mais ainda.

Creio pessoalmente que a ganância, a avidez, pode ser perfeitamente descrita como o intenso desejo humano por tudo o que é material e físico. É nela que reside o poder, o dinheiro, o ouro, títulos, posses e prêmios, e com eles vêm o orgulho, a arrogância, o ego e o egoísmo. A intensidade do desejo só pode transformar tudo em um "desejo de ter" – o maior iate da marina, a melhor casa da rua, o carro mais luxuoso, o escritório mais imponente, a melhor mesa do restaurante ou a festa mais cheia de ostentação.

Henry Kissinger certa vez disse que "o poder é o maior afrodisíaco". À primeira vista, ele de fato pode parecer atraente, mas há muito pouco nele para alimentar sua alma e quase nada relaciona-se à felicidade e ao bem-estar. Também tem pouco a ver com o amor genuíno e o respeito daqueles que o cercam, sem falar que nada tem a ver com o simples prazer de sair da cama pela manhã e viver um sentimento de sintonia com o mundo, de estar vivo e conectado às melhores coisas da vida como um todo.

Outra face da ganância é a de fazer as pessoas se sentirem no direito de controlar, de serem exigentes de uma maneira diferente. Ela as impele a adquirirem qualquer coisa devido a uma aparente falta de *status* ou posição. Aqui, as pessoas demonstram atitudes do tipo "isso me era devido" ou "eu pego" em vez do simples "eu quero". Esses indivíduos carentes são frequentemente vítimas de "humor acelerado". Podem estar tão desesperados para satisfazer seus desejos que se tornam agressivos e violentos ou tendem a cair na dependência de padrões de comportamento. Isso pode acontecer quando querem apaziguar os seus sentimentos de infelicidade. Preenchem o vazio fazendo compras, comendo chocolates ou, pior, consumindo álcool ou drogas, sempre à procura de prazer e felicidade, sem saber, porém, que, nesses casos, são de curta duração. Como não estão no controle de seu subconsciente, tudo isso apenas vai lhes cutucar para repetir a sensação um pouco mais tarde. E quanto mais o vazio dentro deles é alimentado, maior será a fome.

Reserve um pouco de tempo para observar esse tipo de pessoas. É fácil encontrá-las, pois estão na TV todas as noites da semana, nos programas de política, de entretenimento e esportivos. O ego subjacente torna-se fácil de detectar quando perscrutamos através do glamour e da teia que usam para se esconder, porque a vida trata apenas deles, afinal. Inevitavelmente, essas pessoas vivem sem nenhum controle e, muitas vezes, de forma espetaculosa, envolvidas com sexo, drogas e corrupção, simplesmente porque não tinham uma base sólida que as beneficiasse, que a conexão coração/alma nos traz.

A ironia é que essas pessoas carentes são levadas a esses extremos por uma enorme sensação de vazio. Pode parecer que elas possuem tudo, mas, na realidade, nunca apreciaram a verdadeira abundância. Quando essas pessoas estiverem prontas para aceitar e reconhecer seus padrões de comportamento, aí sim estarão no caminho para alterar seu padrão de resposta automática.

O processo do *Desejo* o ajuda a reconhecer e limpar todas as associações e conexões que possa ter com a sensação de "falta", porque esse é o vazio que se torna o vácuo. A "falta de conhecimento", por exemplo, traz o medo, que é mental e fisicamente incapacitante, que o desarma e o destrói. Da mesma forma, quando você sente "falta de um sentido do Eu", perdeu ou esqueceu a importância do amor: até que redescubra esse amor interior, continuará incapaz de se sentir completo, e isso é demonstrado por qualquer atitude de inveja e ciúme. Então, há o sentimento de "falta de autorrealização", que pode facilmente se transformar em egoísmo e tornar-se uma negatividade terrível: "eu, eu, eu". É o que ocorre, por exemplo, quando um parente idoso espera que você venha a cuidar dele, independentemente de qualquer plano que você possa ter a respeito.

Quando começamos a pensar em termos de "eu não tenho dinheiro", essa falta de dinheiro só tende a aumentar. Lembre-se: se os seus pensamentos estão continuamente focados sobre quão pobre você é, quão perto está da pobreza ou como vai enfrentar uma falta muito grande de recursos, eles estarão apenas criando e atraindo ainda mais experiências de pobreza e ausência. Por isso, toda vez que você cair em um sentimento de "falta", lembre-se de que estará se afastando da abundância e daquela deliciosa sensação de plenitude que todos desejamos.

O amor vem em primeiro lugar em tudo, o que inclui suficiente amor-próprio para conhecer direito a sua identidade e o seu verdadeiro papel na vida. Nada de "isso resolve", nada de a segunda melhor coisa, nada de meias medidas. Uma vez que você tenha se posicionado com a força de saber quem você é, sabendo o que merece, não existe mais nada que não consiga alcançar. Na medida em que se aprofundar no princípio da verdadeira abundância, você começará a ver como dar é tão importante quanto receber. Em última análise, não importa o que fizer na vida, o lema "Dar para receber" deve ser a joia que lhe peço para relembrar sempre. Fui ao supermercado outro dia e, na fila do caixa (como sempre...), uma senhora idosa muito educada e com problemas de visão pediu-me para, por favor, verificar em sua bolsa e dizer-lhe se havia dinheiro suficiente para pagar os itens que ela trazia em sua cesta. Logo percebi que os escassos itens eram todos essenciais para a vida cotidiana, mas ela não tinha dinheiro suficiente para pagar por tudo. Discretamente, coloquei a mão na minha carteira e fiz cair uma cédula na bolsa da senhora, e então disse a ela que o dinheiro era suficiente! Ela ficou muito aliviada, contando-me que só receberia a pensão em dois dias e estava muito preocupada com o que lhe havia restado. Mais tarde naquele dia, parei em uma loja e, como estava apressada, peguei o que precisava, paguei e fui para casa. No dia seguinte, percebi que havia uma cédula a mais em minha carteira – mas como tinha ido parar lá? A única coisa que pude pensar foi que a segunda loja me tinha entregado por engano. Bem, aqui se faz, aqui se paga. A vida completa o círculo – você dá de um lado e recebe de volta de outro.

NA MEDIDA EM QUE SE APROFUNDAR NO PRINCÍPIO DA VERDADEIRA ABUNDÂNCIA, VOCÊ COMEÇARÁ A VER COMO DAR É TÃO IMPORTANTE QUANTO RECEBER.

Quando ficamos à espera de algo e então o agarramos (seja o que for; grande ou pequeno, caro ou barato), sem nenhuma intenção de dar, compramos um bilhete sem volta para o vácuo infinito da ganância.

Também é importante lembrar que, quando dá a fim de "resgatar" alguém, você, por sua vez, se torna uma "vítima" dessa pessoa que salvou. Por mais duro que possa parecer, nutrir compaixão por quem vive preso em uma consciência de vitimização apenas sustenta essa atitude de "ser vítima" – e isso vai amarrá-lo a pessoas desse tipo. Essa "consciência de ser vítima" é um estado de espírito, pura e simplesmente, com a vítima esperando que alguém apareça para salvá-la.

"Dar" faz parte da gratidão – e sua gratidão, por estar aqui neste momento, desencadeia o fluxo da abundância que preenche a sua vida. Você certamente notou que, toda vez que dá alguma coisa, recebe um fluxo de energia que o faz sentir-se vivo, renovado e reenergizado. Sua abundância naturalmente se espalha para beneficiar os outros: pode ser a doação de alguns trocados para um morador de rua, de roupas que não usa mais para uma instituição de caridade ou ainda uma doação modesta para ajudar as vítimas de um grande desastre. Talvez você prefira agir de forma independente e ajudar pessoas e animais que precisam de uma mão amiga. Essa é a forma e o sabor da verdadeira abundância – a felicidade brilha dentro de você, irradiando-se para longe e com sentimentos maravilhosos de alegria.

Tudo isso está além de riquezas e é o verdadeiro e incondicional amor. Quando você vive com uma conexão coração/alma que o liga a tudo que for para o seu bem maior, começa a compreender o poder da unicidade – a alma se irradiando de seu interior. E, então, você se torna naturalmente intuitivo e compreensivo em relação aos outros, à humanidade e ao mundo como um todo. Você se tornou uma parte plena, completa e digna do universo.

# 30

## Saúde e peso perfeitos

Já falamos sobre o fato de a boa saúde fazer parte de uma vida abundante. Aqui, ofereço um exercício fácil, mas eficaz, para acelerar sua jornada por esse caminho. É também um modo brilhante de chegar ao seu peso ideal, não importa se você pretende ganhar ou perder peso. Também se pode usá-lo para aumentar e fortalecer seu sistema imunológico.

"Engordei 13 quilos em dois anos e tinha problemas para perder peso. Depois que completei o curso do *Desejo*, fiz um pedido para emagrecer por intermédio de dietas e de um programa de exercícios físicos que eu pudesse manter. Integrei isso ao meu estilo de vida e perdi 9 quilos em quatro meses, com pouco esforço. Comia o que queria e fazia os exercícios sempre que tivesse vontade."
Pauline, produtora musical, Nova York.

Poucas pessoas estão sempre contentes com o seu peso, mas, antes de discutir isso, é crucial sermos realistas – com isso, quero dizer: busque seu peso saudável. É importante mencionar isso porque, quando se trata desse assunto, descobri que a maioria das pessoas tem uma falsa percepção de qual deve ser seu verdadeiro peso, muitas vezes buscando uma "aparência ideal" baseada muito mais em um modelo da TV ou de uma revista do que naquilo que realmente se adapte à sua própria forma, corpo e tamanho. Com esse exercício, porém, você pode conferir o peso que acha que deveria ter e depois descobrir se ele está certo. Isso porque o Teste de Alma apenas lhe dirá a verdade sobre seu peso correto – sem "mas" nem "e se..."! Será realmente o peso que beneficia o seu corpo físico e lhe oferece a melhor saúde.

\*\*\*

Comece escrevendo o peso que considera ideal para você. E, por favor, seja tão exato quanto possível, caso contrário, o Teste da Alma o fará cair para trás se tiver errado na aproximação! Agora, fique em pé e faça o Teste da Alma usando as seguintes palavras: "Meu peso ideal é (o peso que você, sensatamente, acredita ser o correto)." Repita essa frase três vezes.

Você foi impelido para a frente? Em caso positivo, já sabe qual é o peso ideal para você. Se por acaso não houve movimento nenhum, tente mais uma vez. Alguns de nós sentem-se mais saudáveis quando o peso do corpo oscila entre dois valores, que é o meu caso. Então, eu digo, por exemplo: "Meu peso ideal está entre 54 e 55 quilos".

Se você cair para trás, deve continuar tentando até chegar ao verdadeiro peso para você. Quando descobrir seu peso ideal, encontre um lugar silencioso (e sem telefones!) e uma cadeira confortável. Sente-se e diga a si mesmo para relaxar. Inspire profundamente e expire; repita isso três vezes.

Visualize uma grande tela de cinema na sua frente, com uma borda azul brilhante. Então, veja a si mesmo na tela. Se tiver dificuldade para visualizar, diga a si mesmo que você está na tela à sua frente.

Agora, veja a si mesmo nessa tela cheio de entusiasmo pela vida e movendo-se por lá – caminhando, andando mais depressa, correndo, como se estivesse em uma sessão de exercícios físicos. Veja a si mesmo com uma aparência surpreendente e fantástica. Saiba que este é você, veja e sinta como está ótimo. Inspire profundamente e expire. Então, feche a tela de cinema.

Agora, fique de pé e faça o Teste da Alma mais uma vez, usando as seguintes palavras: "Meu corpo agora está em sua saúde perfeita e meu peso é (o peso que agora você sabe qual é)". Repita essa frase três vezes.

E então, caiu para a frente? Se sim, que ótimo! Você reconheceu finalmente o peso perfeito para viver com o seu corpo, que agora assumiu o comando e vai começar a fazer os ajustes, naturalmente reprogramando a si mesmo para trazer o perfeito estado alterado.

Se você não se mover ou cair para trás, significa que deve fazer o Teste da Alma duas vezes por dia até que seu corpo aceite os comandos e incline-se para a frente. Esse processo pode exigir alguns dias, para que o conceito seja totalmente absorvido, mas não desista, você está no comando e isso realmente funciona. Uma vez concluído o processo, seu corpo vai devagar e com segurança reajustar-se para encontrar a sua saúde, ganhando ou perdendo o peso de que precisar.

*** 

Descobri que o meu "peso perfeito" me permitia ganhar ou perder com frequência um quilo ou um pouco mais do que isso, o que se traduz no prazer maravilhoso de poder desfrutar de qualquer alimento que quiser pelo menos por algum tempo sem me preocupar se estou me excedendo. Afinal, sei que posso, muito rapidamente, me livrar do quilo a mais usando esse método mais tarde ou quando quisesse. Tenho apenas que mandar alguns lembretes para meu corpo uma vez ao ano para ficar alerta. É algo muito simples, mas extremamente poderoso.

# 31

## Confira sua gratidão

Chegamos ao momento ideal para analisarmos a gratidão. Trata-se de um processo de reflexões que, uma vez iniciado, liga a pessoa a um sentimento de excitação e aciona uma resposta positiva. No momento em que passa a se sentir bem consigo mesmo, você está grato, sente-se amado, e isso o emociona, pois sabe que a vida oferece-lhe infinitas possibilidades, como uma onda avassaladora de amor que se infiltra no interior de todas as coisas. É quando você experimenta a gratidão por seu próprio ser, por sua vida e pelo potencial que ela lhe oferece, deixando-o otimista em relação a todas as coisas.

Quando você recebe um presente, ganha um prêmio ou é parabenizado por seu trabalho, são momentos em que sua gratidão pode resplandecer e então você sabe como é bom estar vivo. Você se sente amado, desejado e digno. O que coloca lá fora, volta multiplicado por cem.

QUANDO VOCÊ RECEBE UM PRESENTE, GANHA UM PRÊMIO OU É PARABENIZADO POR SEU TRABALHO, SÃO MOMENTOS EM QUE SUA GRATIDÃO PODE RESPLANDECER.

Se você não atrai esse respeito ou não recebe nenhuma apreciação pelos eventos que conseguiu administrar até este momento da sua vida, o seu potencial de gratidão será reduzido e solapado grandemente. Sem gratidão para viver, você vai continuar desatento às realizações e ao contentamento da sua vida.

Todos nós conhecemos pessoas que continuamente criticam as demais, seja no ônibus, na loja, na fila do correio, no trânsito, em todos os lugares. Essas pessoas estão apenas disfarçando sua própria "falta", tornando-se cada vez mais negativas (às vezes, ao ponto de se tornarem agressivas) e desperdiçando completamente uma energia valiosa. Isso também serve para indivíduos invejosos que apresentam uma atitude do tipo "eu é que deveria receber isso" ou "deveria ter sido eu". Estão todos enredados por seu próprio egoísmo. Até que olhem para si mesmos e comecem a se reconstruir a partir de dentro, aprendendo a se amar e a perceber que apenas eles detêm a chave para sua autocapacitação e para sua verdadeira realização, a gratidão e a generosidade do espírito sempre os evitarão. Há um senhor idoso na Índia, dono de uma lojinha humilde, a quem acabei conhecendo muito bem com o passar dos anos. Ele vende as bijuterias, as joias e os cristais mais maravilhosos, e eu pessoalmente já levei muitos clientes para conhecer a sua loja. Sugeri certa vez que ele deveria considerar a ideia de oferecer aos clientes um pequeno presente a cada venda efetuada; expliquei que isso seria praticar o ato de "dar para receber", e que essa generosidade de espírito lhe traria, então, muito mais negócios. O senhor idoso decidiu seguir a minha sugestão e passou a dar a cada um de seus clientes uma gema de presente quando comprassem alguma coisa. O presente não tinha muito valor em termos monetários, mas era muito valioso para seus clientes – e para ele também, porque era ofertado com muita gratidão.

Aqui está uma maneira rápida de verificar a sua gratidão:

ATRIBUA UMA PONTUAÇÃO DE 1 A 7 PARA CADA UMA DAS SEGUINTES AFIRMAÇÕES, SENDO 7 = CONCORDO PLENAMENTE E 1 = DISCORDO TOTALMENTE.

A. Eu tenho tantas coisas na vida pelas quais sou grato.
B. Se eu listasse tudo por que eu sou grato, seria uma longa lista.
C. Sou grato a uma grande quantidade de pessoas.
D. À medida que envelheço, acho que me torno mais capaz de apreciar outras pessoas, eventos e situações.

SOME SEUS PONTOS DE A A D: TOTAL _____

PARA AS DUAS DECLARAÇÕES A SEGUIR, MAIS UMA VEZ ATRIBUA UMA PONTUAÇÃO DE 1 A 7, SENDO DESTA VEZ 7 = DISCORDO TOTALMENTE E 1 = CONCORDO PLENAMENTE.

E. Quando eu olho para o mundo, percebo poucas coisas pelas quais sou grato.
F. Muito tempo se passa antes que eu me sinta grato a alguém ou a alguma coisa.

SOME SEUS PONTOS DE E A F: TOTAL _____

SUA PONTUAÇÃO TOTAL: SOME AS DUAS PONTUAÇÕES ACIMA: _____

14 OU MENOS: você está no degrau mais baixo da escala de gratidão, é hora de sentir amor e boa vontade.

15-28: você está na metade inferior da escala de gratidão, ainda não é um "doador". Comece lembrando-se diariamente de criar generosidade de espírito, de dar para receber.

29-36: você tem amor em seu interior e, com gratidão, reconhece a existência das outras pessoas que vivem em nosso planeta.

37-42: você aprendeu muito com a experiência, com a sua jornada, e tem amor em seu coração e em sua alma. Você ressoa em uma frequência elevada no escalão espiritual superior de nosso mundo.

***

Se a sua pontuação está baixa, é fácil criar um sentimento interior de gratidão, por meio do qual você realmente possa se sentir bem por estar vivo e ter uma ligação natural com as pessoas ao seu redor. Muitas pessoas cometem o erro terrível de pensar que estão separadas das demais e que não fazem parte de toda a criação.

Para aumentar a sua gratidão, em primeiro lugar reflita durante algum tempo sobre a quantidade de situações que já surgiram no passado em que alguém foi "dar" para você. Pode ter sido apenas um colega compartilhando o guarda-chuva ou oferecendo uma carona de carro, alguém que lhe preparou o jantar, deu-lhe de presente um ingresso para o teatro ou ofereceu ajuda quando você se mudou para outro apartamento. Todos são momentos em que a gratidão pode ser alegremente expressa, de modo que, a partir de agora, procure fazer um esforço para se mostrar agradecido por todas as muitas gentilezas cotidianas que lhe são mostradas e oferecidas, e comece você também a retribuir esses gestos cordiais, que vêm do coração; a alegria interior que receberá aumentará com cada um desses novos pequenos gestos.

# 32

## Ilumine o seu pensamento
*Como eu penso que seja, assim será...*

O "pensamento" é o meio definitivo para o verdadeiro fortalecimento e a real capacitação da pessoa. Ele literalmente oferece tudo a você, daqui à eternidade. Quando é reconhecido e trabalhado, passa a ter o maior potencial possível para todos nós. O pensamento pode ser expandido para nos trazer maior visão; quando é transmitido, é capacitador, quando recebido, é reconfortador. Ao mesmo tempo que aumenta a sua energia ou sua excitação sobre algo que deseja criar, passa a ter o potencial de manifestar resultados que vão além de todas as suas expectativas. Uma vez dominado, o poder do seu pensamento desencadeado é o conhecimento mais emocionante que posso compartilhar com você para beneficiar a sua vida de agora em diante.

Todos nós já ouvimos dizer que os seres humanos utilizam apenas 10% de seu cérebro. Em minha opinião, o maior recurso ainda adormecido, à espera de ser acionado e se tornar totalmente operacional, é o "pensamento dirigido consciente". Para acender essa centelha, basta perceber que, com a ajuda de sua própria vontade, você tem a capacidade de aumentar drasticamente o seu uso.

O PODER DO SEU PENSAMENTO DESENCADEADO É O CONHECI-
MENTO MAIS EMOCIONANTE QUE POSSO COMPARTILHAR COM VOCÊ,
PARA BENEFICIAR A SUA VIDA DE AGORA EM DIANTE.

Cada pensamento potente emite sua própria forma de onda,
que torna-se então uma ligação telepática entre você e o resto
da vida e transmite sinais para fora do corpo humano. Como
tenho uma irmã gêmea, minha ligação telepática nunca ficou
entorpecida. Em meu trabalho ligado à mediunidade, recebo
informações daqueles a quem chamo de "povo espírito", e
confio em sua capacidade de enviar-me suas ondas telepáti-
cas, de forma que eu consiga passar adiante o que pode ser
uma mensagem ou uma informação extremamente complexa
ao seu destinatário, às vezes usando palavras ou um idioma
completamente desconhecidos para mim.

Em um pensamento dirigido (e, com isso, refiro-me ao pensamento que possui algum significado ou sentido para você, em
oposição a um pensamento aleatório, fugaz), a forma de onda
realmente cria forma e cor. Isso pode ser captado e visto em sua
aura, o campo de energia em torno de sua cabeça. Assim, quando se trata de um pensamento raivoso, a onda lançada apresenta
estrias vermelhas que podem ser sentidas ou pelo menos detec-
tadas pelo destinatário (daí a velha expressão "ver tudo em vermelho"). Outros pensamentos negativos serão tingidos de cinza
escuro e sombras marrons.

Quando você dirige seu foco para o pensamento, conferindo-
-lhe forma, cor e movimento, ele mantém sua dinâmica e é, literalmente, trazido à vida. Esses aspectos dão ao seu pensamento
sua verdadeira força, poder e profundidade. O passo seguinte é o
de criar positividade suficiente dentro de si mesmo para começar
a manifestar esse pensamento, pois precisamos de energia para
trazê-lo à vida. Um pensamento, e o vasto poder que ele pode

gerar e conter, vai muito além dos limites da mente e do corpo físico, ele transcende o tempo e as distâncias.

Agora, chegamos à etapa mais emocionante para beneficiá-lo e ajudá-lo quando começar a realmente fazer o seu desejo. Começamos essa etapa praticando como concentrar o seu pensamento.

\*\*\*

Sente-se confortavelmente, feche os olhos, respire fundo e deixe o ar sair. Repita esse procedimento mais duas vezes. Relaxe! Preencha sua mente com alguma lembrança muito agradável, que lhe traga uma sensação de felicidade e emoção. Pode ser a lembrança do seu primeiro beijo hesitante, da sensação que sua vida mudaria quando estava apaixonado, de quando recebeu um maravilhoso presente inesperado, desfrutou de alguma celebração ou, finalmente, de quando conseguiu realizar uma vontade havia muito acalentada.

Assim que tiver essa lembrança especial claramente fixada em sua mente, concentre-se e focalize todos os seus pensamentos em reviver aquele momento, no que você vê, ouve e sente com essa lembrança maravilhosa. Comece a fazer parte dela novamente, de todas as maneiras que puder, momento a momento, usando todos os sentidos, todas as emoções que você tem disponíveis em si mesmo. Reacenda as sensações de alegria, excitação, prazer, êxtase, da felicidade que esse momento lhe deu. Reviva todos e cada um dos sentimentos que você desfrutou então, procure apreciá-los como se acontecesse tudo de novo. Sinta profundamente dentro de si aquele prazer crescente, aquela emoção e sensação de realmente fazer parte daquilo tudo uma vez mais.

\*\*\*

Esse é o poder de "focar o seu pensamento", de conscientemente direcionar seu pensamento para o lugar no qual você se torna parte integral da experiência. Observe como você desfruta da cor, da forma e do movimento dessa lembrança para trazê-la à vida.

Não se entregue a qualquer dúvida. Lembre-se da importância de toda a sua aprendizagem: você vai fazer o seu desejo acerca daquilo que você realmente quer, acreditando completa e sinceramente na força do seu poder de pensamento para criá-lo.

É vital que absorva isso corretamente, portanto, pense em outro exemplo que possa ajudá-lo a ver – e sentir – exatamente aquilo que pretendo dizer. Reserve mais alguns momentos do seu tempo e reflita sobre alguma outra experiência memorável do passado, um acontecimento que tenha sido verdadeiramente feliz, que você possa evocar e reviver como se tivesse acontecido na noite anterior. Leve-se de volta para aquele momento e reviva tudo o que aconteceu. Não se esqueça de ver, ouvir e sentir todas as sensações que você teve e que guardou em seu interior.

Quanto mais focado estiver o seu pensamento e quanto maior a intensidade do seu desejo, maior será a oportunidade de você encontrar e ter condições de criar infinitas e ilimitadas oportunidades em sua vida de agora em diante. Lembre-se: você pode desejar qualquer coisa que realmente anseie que se manifeste, seja grande ou pequena.

"Estou usando o *Desejo* tanto para coisas grandes quanto pequenas em minha vida. Logo depois de fazer o *Desejo*, usei-o para coisas menores, como não sofrer muito com os congestionamentos ao rodar pela cidade e encontrar com facilidade locais para estacionar – descobri que isso realmente faz diferença, porque uma pessoa pode se desgastar muito com esses problemas no trânsito. Porém, quando usamos as ferramentas do curso, tudo começou a se desenrolar de uma forma mais tranquila e suave. Também uso o *Desejo* para coisas maiores de minha vida, e duas delas já se tornaram realidade: a casa ideal e o colégio que escolhi para os meus filhos."

Robert, especialista em TI, Birmingham.

Antes de realmente criar o seu desejo, vamos recapitular o processo que concluímos juntos até agora:

VOCÊ CONHECE A SI MESMO: SABE QUAL É A SUA VERDADEIRA IDENTIDADE E O SEU PROPÓSITO NA VIDA.

VOCÊ ESTÁ NO CONTROLE E COMPREENDE SEUS MEDOS DO PASSADO.

VOCÊ MANTÉM UMA LIGAÇÃO PROFUNDA ENTRE O SEU CORAÇÃO E A SUA ALMA: VOCÊ É UM.

VOCÊ RECONHECEU A IMPORTÂNCIA DA TOMADA DE DECISÃO.

SUA AUTOESTIMA ESTÁ CONSTANTEMENTE ELEVADA.

VOCÊ SABE COMO FOCAR A SUA INTENÇÃO.

É hora de congratular-se por ter conseguido tanto e chegado a esse momento emocionante. Mas se por algum motivo você sentir que ainda não está pronto, volte e repita qualquer exercício sobre o qual tenha dúvidas. Isso vai lhe dar um estímulo extra e a confiança necessária para continuar.

# 33
## Crie o seu desejo

Agora você está pronto para lançar-se à etapa final no caminho para tornar o seu desejo, e muito mais, realidade. Respire fundo e vamos lá!

*\*\*\**

Primeiro, um pouco antes de exprimir meu poderoso desejo, permito-me sentar e refletir sobre exatamente o que vou desejar e como vejo isso acontecer em minha vida, como as coisas vão se parecer quando esse desejo estiver aqui "agora". Isso é de vital importância, porque não há dúvida de que meu desejo virá a existir; na verdade, essa reflexão trata mais do reconhecimento consciente de que ele passa a ser real e começa a fazer parte da minha vida a partir desse momento. Trata também da minha gratidão e emoção por esse desejo, que auxilia a realização de minhas aspirações. Feito isso, estou absolutamente pronta para criar, no conhecimento de que amo tudo aquilo que o desejo representa para mim deste momento em diante. Então, dediquemos um momento para contemplar o bem que pode fluir de nossos desejos.

VEJA, SINTA, SAIBA...

Lembre-se de que o seu desejo é a sua própria criação, não minha ou de qualquer outra pessoa. Tudo que acontecer daqui por diante vai ser, e só poderá ser, baseado em SUA intenção positiva de pensamento. Lembre-se também de que, na realidade, você já está vivenciando o seu desejo na carne, e por isso ele já faz parte da sua vida agora.

Agora, sinta a excitação crescente à medida que ela brota dentro de você. Entregue-se a ela. Abandone-se à sensação de que seu desejo está prestes a se tornar realidade. Perceba a sensação que se inicia com aquele calor interno; aprecie enquanto ele continua a ser construído, brilhando e ressoando para fora e para cima, despertado com antecipação e disparado com uma súbita compreensão interior de que você está total e completamente no "agora". Você está pronto. Está prestes a "fazer acontecer" com seu desejo.

Mantenha esse sentimento bem aqui! Antes de começar, finalmente, a fazer o seu desejo, as regras simples para se lembrar são as seguintes:

DECIDA-SE SOBRE UMA COISA: DESEJE ALGO QUE VOCÊ REALMENTE QUER EM SUA VIDA.

NÃO ESPECIFIQUE COMO O SEU DESEJO DEVE ACONTECER, SÓ QUE "É".

SINTA-SE TRANQUILO, PREPARADO E ORGANIZADO.

SENTE-SE, RELAXE E SINTA UMA EXCITAÇÃO CRESCENTE POR AQUILO QUE ESTÁ PRESTES A CRIAR.

INSPIRE E EXPIRE ALGUMAS VEZES E FECHE OS OLHOS.

Quando estiver pronto, repita estas palavras em sua mente: "Esta é a minha maior oportunidade de criar". Então, usando seus mais poderosos pensamentos-comandos para criar exatamente o que desejar, dê profundidade ao seu pensamento, faça dele um filme "com todos os sentidos em volta" e do qual você é parte. Você *está* nesse filme. Forneça-lhe detalhes, movimento e ação, dando ao seu desejo forma, cor e movimento. Certifique-se de mergulhar profundamente nele, fazendo sua parte, envolvido no centro de sua própria criação.

Agora, concentre-se em cada átomo, em toda sua intenção de pensamento, em seu desejo. Crie seu desejo agora. Ele é o filme ocorrendo neste momento à sua volta, bem na sua frente, atrás de você. Você está nesse filme e vivenciando tudo, sentindo-o, desfrutando dele, cheirando-o, provando-o. Reconheça que está realmente tomando parte e sentindo a alegria e o prazer de ver seu desejo se manifestando, pulsando através de si enquanto faz isso.

Veja o seu desejo vividamente por meio do comando da sua mente. Ele está vivo, tem forma, cor e movimento, encerra uma rica experiência visual, tátil, sensual, física e emocional. Discuta sobre seu desejo e sinta a excitação crescente e a alegria que ele tem para você enquanto a antecipação se acumula. Você está no filme, *você é* o filme. No exato momento em que estiver sentindo e experimentando o máximo desses pensamentos, sensações, ações, pegue-os todos e recolha tudo em um grande balão amarelo-dourado. Então, coloque o seu balão especial na altura da cabeça, bem à sua frente. Agora, ele contém e mantém todos os átomos e fibras de sua experiência de desejo.

Quando o balão estiver bem à sua frente, observe uma porta redonda dourada abrindo-se diante de si. É uma abertura, um portal para outra dimensão paralela. Agora, usando todo o poder de sua intenção, empurre o balão amarelo-ouro com o seu desejo lá dentro através dessa abertura, dizendo estas palavras: "Eu agora LIBERO o meu desejo".

Em seguida, ordene que esse portal se feche. Veja-o se fechar... E saiba que seu desejo foi agora liberado para os recursos infindáveis do universo. Inspire profundamente e sorria: "SIM".

***

Parece bom, não é? Você acabou de lançar o seu desejo. Não há nenhum apego a ele agora. Ele pode fazer sua jornada de forma segura por aquela dimensão paralela. Enquanto isso acontece, a energia que você criou se expandirá e ficará cada vez maior, permitindo que intermináveis e ilimitadas oportunidades preencham sua vida. Seu desejo continua sua jornada e chegará a esta dimensão física no momento perfeito para que se manifeste.

A partir de agora, mantenha um sentimento de antecipação por "saber" que você criou o seu desejo. Sinta a força e a profundidade da emoção que brotou dentro de você. Mantenha essa força e esse saber, e permita que aumentem neste momento e de agora em diante. Desfrute da experiência com gratidão e amor. Parabéns por ter criado o seu próprio desejo – para você, e apenas para você – no "agora"!

E então, há mais alguma coisa? Ah, sim, muito mais. A partir de agora, você pode criar qualquer desejo que quiser em apenas um momento. Não importa se os desejos são pequenos, médios ou grandes, porque agora você possui a chave dourada do conhecimento sobre como criá-los para si mesmo. É uma compreensão da criação divina do seu ser em ação, trabalhando por intermédio do seu coração e da sua alma. Em suma, é um sentimento puro de amor.

"Para mim, [o poder do *Desejo*] envolve principalmente a percepção de que você pode, com um pensamento criativo focado, controlar o que está acontecendo em sua vida e levar tudo isso para uma direção mais positiva. Pode-se perceber em um espaço de tempo muito curto o efeito que isso causa nas pessoas, o efeito que causamos nelas para provocar uma mudança... Sutilmente, e de várias maneiras, você pode fazer a diferença."

Pauline, produtora musical, Nova York.

# 34
# A CHEGADA AO FINAL

Agora que aprendeu os segredos do *Desejo*, você tem em seu poder algumas das mais poderosas ferramentas que jamais encontrará. Portanto, não há necessidade de deixar passar mais nenhuma das oportunidades que surgirem em seu caminho. Sua missão agora é ir além dos assuntos mundanos da vida cotidiana. Seu objetivo final deve ser alcançar os objetivos mais altos possíveis na vida, ser o melhor que puder ser, de acordo com a sabedoria e o discernimento que ganhou a partir de sua conexão coração/alma. Isso é possível para toda e qualquer pessoa, uma vez que estamos aqui por meio de uma jornada espiritual de nossa própria escolha, uma jornada destinada a nutrir a nós mesmos, nosso corpo e espírito. Quando tomamos esse caminho, é possível reconhecer sua singularidade e tornarmo-nos completos em todos os aspectos da vida.

SUA META FINAL DEVE SER ALCANÇAR OS OBJETIVOS MAIS ALTOS POSSÍVEIS NA VIDA, SER O MELHOR QUE PUDER SER, DE ACORDO COM A SABEDORIA E O DISCERNIMENTO QUE GANHOU A PARTIR DE SUA CONEXÃO CORAÇÃO/ALMA.

A busca verdadeira está em encontrar a perfeição e a completude dentro de si. Sua alma e os poderes do pensamento podem afetar sua vida de duas maneiras a partir de agora. A primeira: tenha muito cuidado com o que deseja – sim, aquele velho, mas muito verdadeiro, ditado. Por isso é tão importante viver o seu desejo antes que ele seja de fato criado – dessa forma, você poderá saber de verdade como será viver com ele e ter certeza de que ele genuinamente vai melhorar a sua vida.

A segunda maneira, como você já aprendeu agora, envolve a importância de se viver a vida com a verdade de sua própria alma. Então, de agora em diante, procure passar um momento ou dois considerando se você está ou deveria estar entregando seu próprio poder para outra pessoa. Afinal das contas, você trabalhou duro para construir seu "eu" vibrante e energético. Agora, você já sabe quem é, quais são as suas paixões e o seu propósito na vida e para onde deve se dirigir para cumpri-lo. Então, por que dar tudo isso para outra pessoa? Haverá sempre uma parte de você que, em um momento de fraqueza, pode ser tentada a permitir que alguém lhe tome as rédeas, mas, como já sabe nesta altura, não é isso que faz com que seus sonhos e desejos se tornem realidade. É você quem toma as decisões, como um ser responsável. É você quem pode mudar o curso da sua vida, independentemente das circunstâncias em que se encontrar. Se você precisar de mais recursos, o universo é parte de si e vai ajudar a trazê-los. Por isso, elabore um plano e execute-o. Nada de "e se", "mas" ou "talvez". Você é digno, você merece. Esforce-se sempre para ser sua própria pessoa, e traga para fora uma nova e completa maneira de viver por sua conta no "agora". O seu destino está ao alcance. Eu o chamo de "chegada ao final". Trata-se de criar e transformar em realidade o(s) desejo(s) que sonhou.

Depois de ter lançado seu desejo ao universo, é hora de abraçar o imediatismo das oportunidades, acontecimentos e encontros que começarão a aparecer em sua vida, das formas mais emocionantes e surpreendentes. É também um momento em que sinais começam a brotar – normalmente, quando menos se espera – e naturalmente nos inspiram a olhar para aquele evento um pouco mais de perto, por mais tempo, a fim de buscar mais conhecimento. Agora que esses medos são reconhecidos e compreendidos, há muito mais a ganhar ao se dar um salto adiante para derrotá-los para sempre, beneficiando, por consequência, o seu Eu e progredindo em sua própria vida radicalmente.

Agora que você já expandiu sua consciência com êxito, nada parece permanecer do mesmo jeito em sua vida. Sua percepção transcendeu a velha mentalidade estabelecida e ultrapassou há muito seu antigo sistema de crenças. Seu desafio agora é viver plenamente a vida usando a coragem que ela lhe dá e tirar o máximo partido da capacitação que tem em suas mãos. Você possui tanto o poder quanto o conhecimento para que, depois de apenas alguns momentos de cuidadosa reflexão, possa usar seus pensamentos para enviar ao mundo as incríveis formas de onda que atrairão tudo aquilo que deseja. Tudo o que resta, então, é decidir como seguir o seu recém-colocado caminho da atração.

SEU DESAFIO AGORA É VIVER PLENAMENTE A VIDA USANDO A CORAGEM QUE ELA LHE DÁ E TIRAR O MÁXIMO PROVEITO DA CAPACITAÇÃO QUE TEM EM SUAS MÃOS.

Meu conselho seria começar de maneira simples. Aprenda a avaliar seu poder recém-descoberto pouco a pouco. É melhor ser um pouco cauteloso, tendo em vista que você deu um salto muito grande para a frente e hoje possui habilidades significativas, muito além do que se imaginava anteriormente. Seu poder e capacitação, obtidos por meio do pensamento focalizado, podem, literalmente, "fazer acontecer" sempre que você desejar.

Por conhecer o seu verdadeiro papel, é possível trazer a realização completa que busca. Todas as peças do jogo de xadrez vão começar a se mover para as posições corretas quando você estiver criando a sua vida ideal, beneficiando todas as partes de seu "eu" e refletindo sobre os outros.

Nunca se esqueça de que isso só é possível por causa do imenso amor e da gratidão que você tem pela vida que está criando. O amor cria mais amor. Contanto que seu desejo seja inspirado por sua conexão coração/alma, não por necessidade, uma vez adquirido e mantido, você pode ter certeza de que sua realização pessoal continuará a ressoar em todas as áreas de sua vida, atraindo tudo o que for positivo e benéfico e eliminando todas as energias negativas.

Agora que você finalmente deu aquela enorme demonstração de confiança em si mesmo ao testar os princípios do *Desejo*, pode se dar ao luxo de relaxar um pouco e perguntar a si mesmo o que o impediu de fazer aquilo que desejava antes. Para alguns de vocês, sem dúvida deve ter sido porque não achavam que teriam esse poder ou essa habilidade; para outros, eles estavam simplesmente procurando o *know-how* para fazer sua magia funcionar. Quem sabe seus pais, ou os pais deles, nunca tenham tido a oportunidade de encontrar e desfrutar de tal poder pessoal excepcional. No entanto, esse poder ficou adormecido dentro de nós por todo esse tempo, só esperando para ser acionado e então entrar em ação.

Pense um pouco sobre a enormidade disso tudo. Você é um sujeito afortunado, porque a você foram entregues as chaves. Você possui aquilo que tantos desejam obter. Por isso, seja grato pelos passos largos que acabou de dar e pela época em que vive. Pense sobre os presentes da tecnologia moderna. Nos últimos 60 anos, mais ou menos isso, a tecnologia nos ofereceu oportunidades cada vez mais incríveis de passarmos tempo com nós mesmos, maneiras cada vez mais fáceis de nos conectar com mais e mais pessoas, a chance de aprender tantas habilidades novas, mais formas de relaxar ou de nos divertir e de desfrutar de tantos outros benefícios. O período em que vivemos encerra, talvez, a primeira vez na história da nossa civilização em que temos a oportunidade e a liberdade de escolha para procurar e encontrar todas as informações que nós mesmos escolhermos. Isso nos permite expandir nossos horizontes em muitos níveis, incluindo a busca por um maior conhecimento espiritual. Este, por sua vez, leva-nos aos emocionantes novos horizontes que transcendem as nossas limitantes crenças atuais. Ampliamos nossa comunicação com cada pessoa a um nível nunca antes imaginado. É um passo tão progressivo que eu sinto, sem sombra de dúvida, que estamos vivendo uma nova era, ao menos nesse sentido. Tudo está lá fora, esperando para quando estivermos prontos para assimilar o aprendizado. Agora, as possibilidades ilimitadas estão facilmente disponíveis para nós.

Então, enquanto começa a viver seus desejos manifestados, de que forma você pode trabalhar a sua magia crescente no sentido de ajudar outras pessoas a encontrar sua própria consciência e, assim, atingir seus sonhos e objetivos? Por sua vez, como elas podem, naturalmente, começar a espalhar a sua própria magia de pessoa para pessoa, de amigo para amigo, multiplicando isso exponencialmente em todo o mundo, para beneficiar pessoas de todas as esferas da vida em qualquer fase em que estiverem exatamente agora? Pense na gama de possibilidades que aqueles "desejos" poderiam cobrir: abundância de água potável, um lote de terra para plantar alimentos, um lar que as pessoas pudessem chamar de seu, um ambiente seguro para viver, amizades com as mesmas ideias, a chance para ter educação. A lista de oportunidades que podem causar uma mudança de vida é ilimitada.

No Ocidente, muitas dessas coisas são dadas como certas porque as temos em demasia. Mas começamos a acordar para o imenso poder que temos de transformar a vida dos outros. Com sua ajuda, podemos compartilhar o enorme potencial para termos vidas mais felizes, dignas e completas, com uma proporção muito maior da humanidade ao usarmos o poder de nossos desejos manifestados para esclarecer e fortalecer aqueles que sofrem de terríveis necessidades. Então, os outros também podem encontrar e acreditar em si mesmos, compreender suas habilidades nascentes e começar a trabalhar para o bem maior da humanidade.

COMEÇAMOS A ACORDAR PARA O IMENSO PODER QUE TEMOS DE TRANSFORMAR A VIDA DOS OUTROS.

A coisa maravilhosa em tudo isso é que você pode se tornar um participante ativo nesse processo estimulante sem sequer sair de casa. Você pode simplesmente gastar alguns momentos focando sua atenção na "intenção" para o "bem maior de todos" e convidando aqueles amigos que compartilham as mesmas ideias para se juntar a você quando estiver fazendo isso. Se eles contarem a novidade para todos, mais cedo ou mais tarde outras pessoas vão querer fazer parte também.

Há ainda alguns aspectos divertidos nisso tudo. Por que não desfrutar de uma tarde ou noite positivamente energizada, reunindo esses amigos que têm as mesmas ideias para todos fazerem um desejo para cada um de vocês e para benefício do mundo, sua proteção e iluminação espiritual com amor? As pessoas simplesmente amam a ideia de "partilhar um desejo" em grupo. Selecione uma ideia para focar e desejar. Não importa se acontecer uma vez por semana ou uma vez por mês, é a energia coletiva que você pode gerar em conjunto que é tão poderosa.

Claro que alguém vai ter de conduzir todos os outros ao longo do processo. Aproveite o seu pensamento concentrado combinado, coloque-o lá fora juntamente com tudo o mais que tiverem e, quando o momento de fazer o desejo chegar, vocês terão criado uma gigantesca onda que vai se manifestar com rapidez tremenda. É algo realmente muito poderoso.

Quando, por exemplo, três de vocês fizerem isso juntos – eis aquele maravilhoso poder do três novamente –, a energia acumulada terá um enorme efeito em constante expansão, na medida em que se misturam as consciências em conjunto. A partir da minha experiência, eu sei que o poder de um grupo de três, cinco, sete, dez ou mais pessoas exerce uma extrema ressonância na frequência, algo verdadeiramente surpreendente e que tem um efeito facilmente sentido por todos. Isso pode ser muito valioso para enviar amor e cura a alguém ou para criar um pensamento muito positivo sobre um assunto específico com que todos se preocupam. Fiz isso recentemente em Londres, com todo um grupo de amigos. Focamos em algumas das enormes questões que nosso planeta enfrenta na atualidade. Foi um encontro divertido, a energia ia aumentando porque estávamos apreciando estar juntos. Quando chegou a hora de criar nosso desejo para o mundo, foi um momento incrivelmente poderoso e de celebração.

O *Desejo* é um grande presente para os nossos filhos também. Eles são o futuro. Ao contrário de nós, eles têm uma mente aberta e curiosa em relação à vida, uma grande quantidade de magia que temos que trabalhar duro para recuperar, de forma que os princípios do *Desejo* são quase que uma segunda natureza para eles. As crianças simplesmente captam em segundos, a ideia de como criar, e demonstram verdadeiro prazer quando seus desejos se tornam realidade. Para elas, todas as coisas são ainda maravilhosa e surpreendentemente possíveis, por isso, é importante manter viva essa faculdade extraordinária. Um grande bônus para eles é que poderão, então, entrar na vida adulta com menos bagagem.

O *Desejo* é um grande presente para os nossos filhos também. Eles são o futuro.

Como você já descobriu – e agora vai continuar a vivenciar –, é possível recuperar aquele prazer infantil com a "criação" e usá-lo em sua vida adulta diária. A capacidade de concentrar o pensamento que você tem agora pode se misturar aos pensamentos concentrados de outras pessoas com a mesma mentalidade e tornar possíveis manifestações muito poderosas, não apenas em sua vida, mas na de todos os que o cercam.

Parabéns! Você acaba de fazer a mudança consciente que desejava quando escolheu este livro. Um interruptor foi acionado em sua mente, tornando possível o que antes era impossível. Sua consciência, agora elevada, impulsiona e fortalece todo o seu ser. Aceite com alegria e gratidão o que a vida lhe oferece agora. Mantenha-se proativo, focado e envolvido em seu desejo de futuro a partir deste momento. Aproveite a magia da vida e tudo o que agora ela traz para você.

"Eu procurava por algo mais em minha vida, então, quando ouvi falar sobre *O Desejo*, pareceu-me uma progressão natural", explica Chris, um executivo de marketing em Londres. "Meu desejo foi o de casar com a garota dos meus sonhos." Cinco meses depois, Andrew e eu estávamos muito satisfeitos por comparecer ao mais surpreendente de todos os casamentos...

# 35

## Meu desejo para a vida
*Não se trata da ação, mas do pensamento por trás da ação...*

Quando concluí com êxito o curso "Faça acontecer com o *Desejo*", sentei-me em silêncio por um instante e então escrevi minha missão nesta vida. Tomando cuidado com o uso das palavras, coisa que sempre tento fazer, declarei: "Por intermédio de minha própria autoconsciência e espiritualidade, agir como participante e mentor para ajudar outras pessoas que procuram saber sobre o seu caminho para a iluminação."

Como já tenho plena ciência de meu papel nesta vida, você também pode descobrir o seu ao dar esse salto cósmico para um nível realmente excepcional de imaginação criativa e consciente. Depois de tudo que aprendeu, talvez você também se inspire a contribuir com uma visão mais ampla das coisas para o mundo. Tendo praticado exaustivamente a forma de abordar a vida proposta no *Desejo*, vivo na alegria e na abundância de minhas criações mentais. Descobri como as sincronicidades abundam. Agora, mesmo meus pensamentos momentâneos trabalham a uma velocidade alarmante. Até quando me sento por um momento e focalizo aleatoriamente o pensamento em alguém ou em alguma coisa, há uma ocorrência muito pouco tempo depois.

Por essas razões, aprendi a ser extremamente cuidadosa com meus pensamentos e com o meu tempo, e muito mais com meus desejos! Simplesmente me perder no trabalho de pesquisas não é suficiente, porque assim que começo a questionar os detalhes e os fatos daquilo que estou pesquisando, poderosas formas de pensamento são emitidas e dentro daquela mesma semana acabo conhecendo alguma pessoa em particular que esteja envolvida no assunto, ou encontro o material de que precisava. Espanto-me constantemente com essa maneira de minha alma apoiar a minha vida. Fico sempre admirada, como uma criança pequena ficaria.

Para mim, a vida é como ter férias constantes. Não digo isso de forma leviana, mas apenas para expressar a alegria e a facilidade que estou vivenciando atualmente. Sinto-me realizada e motivada pela maneira como expresso a minha verdade, isto é, com um entusiasmo retumbante, e minha energia aumenta exponencialmente como resultado disso. Sinto-me constantemente honrada de receber o retorno daquilo que ensino, de saber quão inspiradas as pessoas ficam com isso, quão profundamente suas vidas mudaram, porque este é o meu mais profundo desejo. Tendo feito minha conexão coração/alma, sei que é isso que estou destinada a fazer enquanto estiver aqui. É um privilégio enorme fazer o trabalho da minha vida, o trabalho que eu amo, com todo meu coração e alma, e que é meu presente para você.

Como você já sabe, o *Desejo* é uma visão abrangente da existência. É a joia mágica da evidência exigida pelo conhecimento, que liberta o seu poder de uma forma positiva para fazer sua vida acontecer no agora. É certamente a aventura mais excitante gerada pela criação do pensamento. Desde que comecei a ministrar o curso do *Desejo*, tenho ficado assoberbada com os resultados e ele tem me ajudado a conhecer meu propósito, meu papel, porque posso pensar sobre isso em um contexto mais amplo do que apenas minha vida cotidiana ou meu trabalho diário. Sean, um diretor financeiro que trabalha em Tóquio, me disse: "*O Desejo* me deu uma perspectiva que realmente se estende a toda a minha família, a todas as pessoas que vivem no planeta e talvez até mesmo a gerações vindouras. Ele fez uma mudança dramática em mim e em minha percepção da vida, e isso vem de saber quem eu sou e qual é o meu lugar no universo".

Quando você tiver sido exposto ao que o universo oferece a você, perceberá então quão limitadas são a sua educação e suas crenças cotidianas. Com *O Desejo*, no entanto, você terá a oportunidade de expandir sua mente até o máximo possível, para ver tudo o que está lá fora. Isso, por sua vez, lhe dá a oportunidade de acessar e abrir sua consciência em pleno potencial, de estar espiritualmente vivo e transcender todas as limitações, descobrindo assim novos horizontes e novas dimensões da vida, muito além das restrições do sistema de crenças normal com o qual você foi educado e equipado.

Então, vamos abrir mão de todas as coisas que estão aí amontoadas e fazer uma viagem mais leve! É o meu desejo com este livro dar a todos uma oportunidade de "acordar'" por meio de um chamado que atua como um despertar espiritual comum, que pode se expandir globalmente. Às vezes, precisamos ser lembrados de que há um imenso poder disponível, aqui mesmo sob o nosso nariz, por assim dizer, apenas pronto e esperando que nós o percebamos e acionemos. E esse poder esteve sempre ali, precisamos apenas procurar por ele e aprender a usá-lo. Assim, poderemos colher todos os benefícios que ele oferece e permite.

Com *O Desejo*, você adquire a experiência e o autoconhecimento para reconhecer a sua vontade como o maior poder com o qual se pode trabalhar. Então, sorrindo enquanto completo o processo do *Desejo*, permita-me lembrar-lhe gentilmente que nunca perca seu senso de humor, porque é a sensação do riso que aquece o coração e ressoa em todos ao redor, atravessando todas as religiões, credos, cores e convicções, aumentando a saúde do seu corpo, do seu sistema imunológico e – ainda mais importante – trazendo alegria à vida. Nunca se esqueça de que você possui à sua disposição uma sábia energia da alma, que conhece e pode afetar tudo aquilo que você desejar; ela nos conecta diretamente à Fonte do próprio Universo, e dentro dela reside a fonte de conhecimento e sabedoria que pode ser convocada a qualquer tempo, a qualquer dia. Ela é ilimitada.

Faça aquilo que você está destinado a fazer, seja quem você está realmente destinado a ser, faça da vida a maior oportunidade em cada segundo que ela durar. Nada é desperdiçado e tudo que for encontrado é uma aprendizagem quando a liberdade de escolha e tudo que você desejou são realmente seus.

Se você amou *O Desejo*, por que não partilhar a magia e deixar seus amigos saberem disso?

COLOQUE EM PRÁTICA OS ENSINAMENTOS
QUE RECEBEU E SEJA FELIZ!

Impressão e acabamento:

tel.: 25226368